BASTEI
LÜBBE

ALISKE WEBB

Zwölf goldene Fäden

Die Lebensweisheiten einer wundervollen Großmutter

Aus dem Amerikanischen von Lala Özren-Schiemann

BASTEI LÜBBE

BASTEI-LÜBBE-TASCHENBUCH
Band 14266

Titel der amerikanischen Originalausgabe:
TWELVE GOLDEN TRHEADS

Lizenzausgabe: Bastei Verlag Gustav H. Lübbe GmbH & Co.
Bergisch Gladbach
Erste Auflage: Dezember 1999
Umschlaggestaltung: Manfred Peters
unter der Verwendung einer Illustration von Hony Werner
Druck und Verarbeitung: Elsnerdruck, Berlin
Printed in Germany
ISBN: 3-404-14266-7

Für Michael für
Tiefe Ozeane voller Liebe
Berge der Ermutigung
Weite Wiesen mit
sonnigem Optimismus
Und stille Wälder
der Ruhe

INHALT

VORWORT

Wenn Sie Glück haben, dann besitzen Sie einen Quilt, der Ihnen von Ihrer Großmutter oder sogar von Ihrer Urgroßmutter hinterlassen wurde. Und damit haben Sie auch die Geschichte der Familie, die sich darum spinnt. Die feinen Stiche verbinden Sie mit Ihren Schwestern, Tanten, Müttern und allen Ihren weiblichen Vorfahren in einem komplexen Muster aus Liebe und Kreativität. Sie können sich in diese behagliche Decke und ihre Geschichte hüllen, wohl wissend, daß das, was Ihnen vermacht wurde, auch weiterhin vermacht wird – von Frau zu Frau.

Meine Großmutter väterlicherseits war ungefähr genauso arm, wie jeder es in jenen Tagen war. Ihr Quilt ist einfach, perfekt, unelegant. Und kostbar. Ich habe einmal die Verlobung mit einem Mann gelöst, der bei meiner Rückkehr nach Hause mit Schuhen auf Großmutters Quilt auf meinem Sofa schlief. »Harmlos«, werden Sie sagen. Aber eine solche Respektlosigkeit gegenüber Dingen, die mir wichtig sind, beschwor das Bild einer

Beziehung herauf, die bereits eine falsche Richtung nahm.

Großmutters Quilt hängt in meinem Nähzimmer, um mich zu inspirieren. Und um mich »einzubinden«. Tradition ist nicht nur das, was von früher zu uns kommt, nicht nur das in der Vergangenheit Geschaffene. Es ist auch das, was wir neu erschaffen, auf daß es sich in das Vermächtnis zukünftiger Generationen, die ihrerseits über uns sprechen werden, verwandle. Wir kommen aus einer unbekannten Vergangenheit und bewegen uns auf eine unbekannte Zukunft zu – von Liebe zu Hoffnung.

Wenn wir unsere Quilts betrachten, dann entdecken wir die Fasern, die uns zusammenhalten; ein Stoffgewebe von Verbindungen, einige zufällig, andere gewollt. Unsere Finger folgen den Nähten, unsere Augen wandern und streicheln über die verblaßten Farben, das zerknitterte Muster, die verblichenen und ausgefransten Ränder. Und unsere Gedanken verweilen in Erinnerungen. Erinnerungen, die unser eigen sind, die uns aber auch gegeben wurden. Die uns überliefert wurden wie das zerbrechlichste und teuerste Erbstück.

Wir stellen uns unsere Großmutter als eine Frau vor, die während der langen Wintermonate friedlich vor einem gemütlichen Feuer saß, in ihre Näharbeit versunken, Liebe im Herzen und seelisch gefestigt. Die Wahrheit sah wahrscheinlich völlig anders aus, aber es ist eine warme, tröstende Vorstellung, weil ihr Quilt uns ein warmes und tröstendes Gefühl gibt. Was wir für die

»gute alte Zeit« halten, hieß damals »diese aufreibende Zeit«. Es ist genauso schwer, sich vorzustellen, daß zukünftige Generationen sich nostalgisch nach unserem turbulenten Jetzt zurücksehnen könnten.
Wir romantisieren die Vergangenheit, sie ist immer ein einfacherer Ort mit einer ruhigeren Gangart, an dem das Leben leichter verläuft. Das ist so, weil wir sie nur in Gedanken besuchen. Wie ausbleichendes Kattun verblaßt die Wahrheit im Laufe der Zeit. Wenn wir uns unsere Großmütter und ihre Pionierleistung vorstellen, dann fühlen wir nicht ihre eigentliche Realität. Wir erleben ihre zugigen, feuchten Räume nicht wirklich. Unsere Körper schmerzen nicht von der täglichen Anstrengung des Waschens, Kochens, Putzens, des Gärtnerns und des Kindergroßziehens, Arbeiten, die vor Tagesanbruch begannen und sich bis nach Einbruch der Dunkelheit hinzogen. Unsere Schultern, Arme und Finger sind nicht vom stundenlangen Ausbessern, Nähen und Stricken verkrampft, allesamt Tätigkeiten, die sie ohne maschinelle Hilfe bei trübem und unzuverlässigem Licht verrichteten. Wir fühlen ihre Krankheiten, Kopfschmerzen, Sorgen und ihre Erschöpfung nicht. Ihr Schmerz liegt für uns in weiter Ferne.
Schmerz ist immer etwas Persönliches und trennt Menschen voneinander. Aber an der Freude anderer können wir teilhaben. Freude vereint. Das Quilten unserer Großmütter war ein natürlicher, aus Liebe und Notwendigkeit entstandener Teil des Lebens. Ihre Freude an der Kreativität hob es auf ein höheres Niveau, und wir

haben das Glück, durch ihr geistiges Erbe bereichert zu werden. Freude überdauert Raum und Zeit. Wir reagieren ungeachtet der Jahre und Entfernung wie eine unberührte Harfensaite, die in einem stillen Raum mit einer angeschlagenen Saite im Einklang schwingt.
Oft erfüllt uns die Charakterstärke unserer Großmütter mit Ehrfurcht. Sie hielten eine körperliche Beanspruchung aus, die heute die Stärksten von uns entmutigen würde, und führten ein Leben, das die meisten von uns langweilen würde. Ja, ihnen mangelte es an unseren Möglichkeiten und an der Freiheit, die bei uns nur zu oft ein Gefühl der Desorientierung und des Unerfülltseins auslöst. Wir bewundern die Bodenständigkeit unserer Vorfahrinnen, ihr Selbstbewußtsein, ihren Glauben an die Bedeutung ihrer Taten. Wir beneiden sie um ihre Verbundenheit mit ihren Familien, mit ihrer Welt, ihren Gemeinden, mit sich selbst.
Berühre ich einen alten Quilt, dann weiß ich, daß sogar aus Erschöpfung, Entbehrung oder mangelnder Anerkennung und geringer Belohnung etwas entstehen kann, das nicht nur seinen praktischen Zweck erfüllt, sondern das frisch, kreativ und schön ist und geistige Unabhängigkeit beweist. Der Quilt zelebriert die Arbeit und letztlich auch das Leben.
Wir sind Töchter dieser Tradition. Wie könnten wir uns mit weniger begnügen?

Aliske Webb

OKTOBER

Ein Besuch bei Grama

Nach ihrem Collegeabschluß in Betriebswirtschaft und etlichen Monaten Arbeitssuche war Jennifer, meiner ältesten Tochter, eine Stellung als Trainee in der Abteilung für Anlageberatung einer Bank angeboten worden. Also barst sie vor Energie und konnte es kaum erwarten, ihrer Großmutter die tollen Neuigkeiten zu erzählen. Jenny möchte Börsenmaklerin werden und eine Million Dollar verdienen. Das ist wirklich »ihr Ding«.

Grama, wie meine Töchter ihre Großmutter väterlicherseits nennen, ist fast fünfundachtzig und lebt in Clareville in einem Apartment einer Seniorensiedlung. Diese Anlage bietet alles, von kleinen Einzelapartments, in denen die Senioren sich selbst versorgen und sich ihre Privatsphäre und Unabhängigkeit erhalten können, bis zu ausgedehnten Pflegestationen, deren Bewohner zunehmend körperliche und medizinische Betreuung in Anspruch nehmen können. Obwohl die Flure in dem trüben Grün alter Institutionen gehalten sind, ist Gramas Apartment warm und einladend eingerichtet. Es ist voll von dick gepolsterten, mit Chintz bezogenen Stühlen und den Erinnerungsstücken eines ganzen Lebens. Grama hat viele Freunde in der Siedlung, wo sie schon fast zwanzig Jahre lebt. »Das ist länger als eine Gefängnisstrafe für Mord«, erklärt sie uns vergnügt. Das Heim war das beste, was sie von ihrer Rente und mein verstorbener Mann Jack und seine Familie damals bezahlen konnten. Obwohl wir sie jetzt an einen sehr viel größeren und schöneren Ort umquartieren könnten, ist sie glücklich mit ihren Freunden und will gar nicht mehr weg.

Habe ich erwähnt, daß sie stur ist? Und ob. Ich bin sicher, die Engel sind schon öfter gekommen, um sie zu holen, aber sie will einfach noch nicht gehen.

Also fahren wir, ebenso stur, einmal im Monat den langen Weg, um sie zu besuchen. Klang »der lange Weg«, als sei es lästig? Ist es nicht. Ich meine bloß, daß es zu weit ist, um auf einen Tee vorbeizuschauen. Unsere Besuche ähneln manchmal den verrückten Teepartys in Alice im Wunderland. Sie sind voller Gelächter und guter Frauengespräche über die wichtigen Dinge des Lebens wie Schuhsonderangebote, Frisuren, den Amazonas-Regenwald und schwarze Löcher im Weltall. Auf diese Weise bleiben wir, die Frauen unserer Familie, die aus drei unterschiedlichen Generationen stammen, in Verbindung. Wir teilen die guten und die schlechten Nachrichten miteinander und versuchen, die Welt um uns herum zu verstehen.

Jennifer, Susan, meine jüngste Tochter, und ich fuhren also zu Grama. Sohn Robbie weilt im Westen, wo er Ozeanographie studiert. Eine Freude, die mir seine Abwesenheit beschert, ist die, daß ich nicht mehr unvorbereitet unglaublich häßliche, ausnahmslos nasse, eklige Kreaturen in meinem Badezimmer vorfinde – oder, noch schlimmer, in Glasbehältern im Kühlschrank. Das war eine lang andauernde Geduldsprobe, das versichere ich Ihnen.

An der Ostküste gewann Robbie einmal in einem Oberstufenjahrgang einen erstaunlichen ersten Preis für ein naturwissenschaftliches Projekt, mit dem er beweisen wollte, daß alles aus dem Meer oder zumindest aus unserer Bucht eßbar ist. Systematisch brachte er anscheinend eine ganze zoologische Gattung mit nach Hause, sezierte, kochte und verspeiste sie. Sehr zu dem sich in Kreischen äußerndem Ekel der Mädchen, die dem Zuschauen natürlich nicht widerstehen konnten. Ich glaube, er suchte sich das College an der Westküste dann nur aus, um herauszufinden, ob in den westlichen Gewässern alles anders schmeckt.

Jack machte immer Witze darüber, daß Robbie noch einmal als Chefkoch in einem Restaurant enden würde, was er um der Gäste willen jedoch nicht hoffe. Ich erzähle Ihnen das am Rande, damit Sie einen Eindruck davon bekommen, wie die Männer in dieser Familie sind. Wir vermissen sie.

Als wir an diesem Morgen in Clareville ankamen, war Grama gerade dabei, einen weiteren Quilt fertigzustellen, indem sie die Randeinfassung annähte. Dieser Quilt ist tiefblau und rot nach dem achtzackigen Ohio-Star-Muster. Grama braucht fast ein Jahr, um jeden einzelnen Quilt mit der Hand anzufertigen. Vor Jahren kauften wir ihr eine Nähmaschine, aber sie benutzt sie nur zum Kleidernähen und für Flickarbeiten. Ihre Quilts sind alle handgenäht, mit feinen, sauberen Stichen. Sie hat eine Menge Übung. Ihre Augen sind schwächer und ihre Finger steifer geworden, aber anstatt mit der Arbeit nachzulassen, hat sie einfach das Tempo verlangsamt.

»O Grama! Was für ein schöner Quilt!« ereiferte sich Susan, als Grama den Faden verknotete und den Quilt glättete, damit wir ihn ansehen konnten. Susan nahm ihn auf.

»Darf ich?« fragte sie, wobei sie das daunenweiche Material um sich legte.

»Er ist hübsch«, sagte Jennifer bewundernd.

»Er ist so weich«, wunderte sich Susan. »Viel weicher als andere.«

»Weil ich den Unterstoff aus alten Flanellpyjamas und alten Flanellbettlaken gemacht habe. Für zusätzliche Weichheit. Er ist für Mr. Fulton von oben. Er hat ein Hautproblem, wißt ihr, und er braucht es besonders weich. Ich wollte ihn so kuschelig wie eine Babydecke machen«, erklärte Grama und ging in die Küche, um eine Kanne des Earl-Grey-Tees aufzugießen, den wir am liebsten trinken.

Grama hat viele ihrer Quilts Heimbewohnern geschenkt. Mehr als zwanzig Personen schlafen friedlich und träumen bunt unter ihren Quilts. Die meisten Menschen waren Grama völlig fremd, bis sie merkte, daß sie Wärme, Behaglichkeit oder fröhliche Farben brauchten, und schon stand sie da vor der Tür des Unbekannten und fand einen neuen Freund. Natürlich sind Grama viele Quilts behutsam zurückgegeben worden, wenn der Freund oder die Freundin gestorben war. Aber für sie würde es immer eine neue Tür geben, wo sie einen Quilt hinbringen und einen Freund gewinnen könnte.

»Hast du dich niemals gefragt, wie viele Quilts du schon gemacht hast, Grama?« fragte ich.

»Alles in allem wohl Hunderte, schätze ich. Ja, wenn du die ganzen Quilting-Bees mitzählst, die früher auf der Farm stattfanden. Alle Frauen in der Nachbarschaft pflegten jeden Winter über hart zu arbeiten, um hübsche neue Quiltoberflächen zu machen, so daß wir im Frühling zu diesen Runden zusammenkommen konnten, um mit dem Steppen anzufangen. Alle arbeiteten dann an einem einzigen Quilt, und auf diese Weise wurden wir schneller fertig. Also kann man wohl sagen, daß ich Hunderte gemacht habe, indem ich an den Quilts von anderen Frauen mitgearbeitet habe. Und sie haben selbstverständlich auch an meinen mitgewirkt.«

»Muß ja eine tolle Party gewesen sein«, sagte Jennifer. »All diese Frauen, die nähen und plaudern.«

»Denkt daran, daß wir in jenen Tagen noch kein Fernsehen hatten und ganz wild darauf waren, uns zu besuchen und miteinander zu reden. Wir haben eine Menge gelacht«, erinnerte sich Grama liebevoll, während sie feine Teetassen und einen Teller Ingwerplätzchen auftrug.

»Was haben denn die Männer von euch Frauen gehalten, wenn ihr so gefeiert habt?« fragte Susan und langte nach einem Keks.

»Nun, deswegen haben wir unsere Nähstunden ja ›Bees‹, Bienen, genannt, so konnten wir fleißig, aber letzten Endes auch so ›produktiv‹ wie die Bienen sein. Wenn die Männer in der Nähe waren, verhielten wir uns jedoch still wie die Mäuse, damit sie nicht merkten, wieviel Spaß wir eigentlich dabei hatten«, flüsterte Grama mit leiser Verschwörerstimme.

»Hm«, sagte Jennifer, im Begriff, eine dieser Erklärungen einer einundzwanzigjährigen Feministin abzugeben. Doch unser Kichern bremste sie, als wir alle Grama anschauten und uns vorstellten, wie sie und ihre katzenhaft listigen Freundinnen so taten, als wären sie Mäuse. Wir lachten schließlich laut heraus über das Wesen der Männer in jenen Zeiten und über die Verschworenheit der Frauen zu allen Zeiten.

»Also dann, Jenny, erzähl mir von deinem neuen Job«, kommandierte Grama, wobei sie ihr Nähzeug verstaute, um der aufgeweckten jungen Frau neben sich volle Aufmerksamkeit zu widmen.

Viele Minuten lang berichtete Jennifer detailliert von den Neuigkeiten, während ihre Augen vor Aufregung

und Hoffnung flackerten. Ihr Tee auf dem Tisch neben ihr wurde in der Tasse kalt.
»Und mit dreißig bin ich Millionärin und kaufe mir eine Ranch in Colorado«, sagte sie mit tiefer Überzeugung.
»Hoppla, Mädchen! Wie sind wir bloß so schnell von ›Ich fange Montag an‹ nach Colorado gekommen?« fragte ich.
»Ich werde erfolgreich sein! Du wirst schon sehen!« versicherte sie noch einmal.
Grama lachte. »Oh, ich bin sicher, daß du es schaffen wirst, Schätzchen. Wenn du daran glaubst und es nur stark genug willst, kann du alles schaffen, was du dir vornimmst.«
»Siehst du, Grama glaubt mir!« verteidigte sich Jennifer bockig.
»Grama glaubt an dich. Und ich tue das auch. Wir wissen, daß du alles schaffen kannst, was du nur willst. Wie ich schon immer gesagt habe: Wenn du glaubst, daß du etwas kannst, dann kannst du es auch. Wenn du glaubst, daß du etwas nicht kannst, dann kannst du es nicht. In beiden Fällen liegst du richtig. Du mußt beim Glauben an dich selbst anfangen. Aber laß uns jetzt einmal nichts überstürzen. Du weißt schon, wie ›der Knabe, der auf sein Pferd sprang und in alle Richtungen davonritt‹!«
Ich seufzte innerlich, als ich mich in der allzu vertrauten und ermahnenden Mutterrolle sah. Auch wenn ich meinen Zeigefinger nicht erhob, hörte es sich doch so

an, als täte ich es. »Schau, wir alle wissen, daß es zu den wichtigsten Dingen im Leben gehört, ein Ziel oder mehrere Ziele zu haben. Und der erste Schritt dahin besteht in einer begeisterten Einstellung, die von Wunsch und Glauben geprägt ist. Okay, in deiner Begeisterung hast du auf ein bestimmtes Pferd gesetzt. Nun mußt du es so antreiben, daß es dahin geht, wo du es haben willst.«

»Einige Leute glauben, es ist einfacher, mit einem Pferd in die Richtung zu reiten, die es bereits eingeschlagen hat«, warf Grama schelmisch ein und grinste. Dann ergänzte sie ernst: »Aber natürlich kommst du so nicht unbedingt dorthin, wohin du wolltest. Deine Mutter hat recht, Jenny. Was sie mit dem ›Antreiben des Pferdes‹ gemeint hat, ist, daß du die passenden Angewohnheiten entwickeln mußt, die dir helfen werden, die erfolgreiche Person zu sein, die du sein willst, und das zu tun, was du tun willst.«

»Etwa ›auf Angewohnheiten herumreiten‹?« witzelte Jennifer.

Grama schmunzelte über das Wortspiel und fuhr fort: »Wir alle haben Gewohnheiten, Dutzende sogar. Wir denken nicht einmal darüber nach. Deswegen sind sie ja so wichtig für uns. Wir müssen nicht bewußt über jedes kleine Detail unseres Lebens nachdenken. Einige unserer Angewohnheiten sind gut, andere sind schlecht. Warum sollte man nicht die eigenen Gewohnheiten für sich arbeiten lassen, wann immer es möglich ist?«

»Was meinst du damit?« fragte Jennifer.

»Es gibt zwei Arten von Gewohnheiten«, warf ich ein. »Gewohnheiten der Lebenseinstellung bestimmen, was du gemeinhin denkst und fühlst. Gewohnheiten der Tat bestimmen dein Benehmen. Beide sind miteinander verbunden. Erinnerst du dich an das Aktion-Reaktion-Gesetz aus deinem Physikunterricht, das besagt, daß jede Aktion eine gleich starke Gegenreaktion verursacht? Nun, alles, was du tust, produziert ein Ergebnis, und jedes Ergebnis wirkt sich auf alles aus, was du tust.«

»Wie eine Rückkoppelung«, erklärte Jennifer nikkend.

»Richtig. Gewohnheiten sind ganz einfach der Ausdruck deines Charakters und deiner Werte. Was du im Inneren bist, schafft das, was du tust, und das, was du tust, festigt das, was du bist. Auf diese Art werden Gewohnheiten und Charakter bestärkt. Der Charakter erzeugt Taten, und die Taten festigen den Charakter«, sagte ich.

»Einen Augenblick noch, bitte. Laß uns mal einen Schritt zurückgehen, Jenny. Ich würde gerne wissen, was du mit ›erfolgreich sein‹ meinst?« fragte Grama.

»Nun, vor allem möchte ich einen aufregenden Job. Dann möchte ich ein großes Haus, einen neuen Wagen, und viele tolle Kleider! Ich möchte reisen, möchte nach Paris! Du weißt schon, alles!« ereiferte sich Jennifer.

»Warum möchtest du diese Dinge? Was bedeuten sie für dich?« insistierte Grama.

»Nun, ein guter Job bedeutet genügend Geld, um alles zu tun, was ich will. Ich schätze, letztendlich bedeutet er Freiheit. Du weißt schon, wie in der Lottowerbung im Fernsehen. Ein schönes Haus würde sicher meine Freunde beeindrucken. In hübschen Kleidern würde ich mich einfach wohl fühlen. Ist das so verkehrt?« Jennifer fing an, mißtrauisch zu klingen.

»Keineswegs«, versicherte ihr Grama. »Du sagst also, daß diese Dinge nur ein Mittel sind, um deine Bedürfnisse zu befriedigen, etwa dich gut zu fühlen oder deine Freunde zu beeindrucken. Gibt es noch andere Möglichkeiten, sich wohl zu fühlen, außer durch Geld oder materielle Dinge?« fragte Grama.

»Sicher, Grama. Okay, ich weiß, daß es nicht unbedingt das Geld an sich ist. Es ist nur so, daß die Leute Geld als ein Symbol für den Erfolg eines Menschen akzeptieren. Du willst mir doch nicht mit dem abgedroschenen Spruch ›Geld allein macht nicht glücklich‹ oder ›Geld ist nicht alles im Leben‹ kommen, nicht wahr?« protestierte sie.

»Nein, mein angehender Kapitalist«, versprach ich und schaute Grama hilfesuchend an.

Sie lächelte nur weise, zuckte mit den Schultern und sagte zu mir: »Einige Wege sind länger als andere.« Dann wandte sie sich an Jennifer und fragte: »Jenny, warst du gut in der Oberstufe?«

»Ja, natürlich, Grama, das weißt du doch«, antwortete sie.

»Warst du erfolgreich?«

»Ja, aber das war etwas anderes.«

»Wieso?«

»Weil es damals mein Ziel war, die besten Noten zu bekommen, damit ich auf ein gutes College gehen konnte«, erklärte Jennifer.

»Was du auch getan hast. Warst du am College erfolgreich?« fragte Grama.

»Ja, aber das war auch etwas anderes«, entgegnete sie.

»Wieso?«

»Weil es da mein Ziel war, nach dem Abschluß einen guten Job zu ergattern«, verteidigte sie sich. »Nur bei einer richtigen Arbeit kann ich wirklich Erfolg haben. Die Schule war nur eine Vorübung.«

»Jenny, Schätzchen, nichts ist ›nur eine Vorübung‹, es ist alles Realität. Das Leben ist keine Kostümprobe«, wies Grama sie behutsam zurecht. »In jedem Fall warst du erfolgreich oder hast dich erfolgreich gefühlt zu verschiedenen Zeiten, aus verschiedenen Gründen, jeweils abhängig von deinem damaligen Ziel. Ist es vielleicht möglich, daß Erfolg in unterschiedlichen Etappen deines Lebens jeweils anders bemessen wird? Und ist der Erwerb von Dingen vielleicht nur eine von zahlreichen Möglichkeiten, Erfolg zu messen?« schloß Grama.

»Okay, ich hab's kapiert. Du willst, daß ich noch einmal überdenke, was Erfolg für mich bedeutet. Aber ich will all diese Dinge wirklich, Grama, und ich sehe nicht ein, warum ich sie nicht wollen sollte!« Jennifer fing an zu schmollen.

»Wir sagen ja gar nicht, daß du all die schönen Dinge, die man im Leben genießen kann, nicht wollen oder nicht haben solltest«, erklärte ich. »Wir wollen nur sicher sein, daß du sorgfältig darüber nachgedacht hast und weißt, was Erfolg für dich bedeutet, nicht, woran andere ihn bemessen. Was du für wichtig hältst, müssen andere nicht unbedingt für wichtig halten. Sei dir all deiner Alternativen bewußt, bevor du deine Wahl triffst, und setze dir Ziele, die Erfolg für dich bedeuten.« Damit ließ ich das Thema ruhen.

Grama versuchte es auf einem anderen Wege. »Weißt du, wie du erfolgreich sein kannst?«

»Nein. Noch nicht. Aber ich werde es lernen!« versicherte Jennifer.

»Gut. Das ist die richtige Einstellung. Wenn du etwas stark genug willst und entschlossen bist, alles Nötige dafür zu tun – und in diesem Fall bist du gewillt zu lernen –, dann wirst du Erfolg haben«, beschied ihr Grama.

»Das klingt vernünftig«, stimmte Jennifer zu.

»Dann ist vielleicht das erste, was du lernen wollen könntest, etwas über den Erfolg an sich«, schlug Grama verschmitzt vor.

»Okay, okay, ich denke darüber nach« – Jennifer schüttelte lachend den Kopf – »und erstatte Bericht.«

Susan hatte sich die ganze Zeit ruhig verhalten. Den weichsten aller weichen Quilts noch immer um sich geschlungen, hatte sie sich auf Gramas Sofa zusammengerollt und, innerlich weit entfernt, nur halb zugehört. Als sie eine Pause in unserer Unterhaltung spürte, fragte sie zögernd: »Grama, glaubst du, ich könnte einen Quilt machen? Ich meine, könntest du es mir beibringen?«

»Nun, sicher, Susie, es würde mir Freude machen, dir zu zeigen, wie es geht, Schätzchen«, antwortete Grama.

»Was für eine großartige Idee!« mischte sich Jennifer impulsiv ein. »Wir könnten beide einen Quilt machen und jeden Monat, wenn wir dich besuchen kommen, daran arbeiten, Grama.«

»Das würde ich wirklich gern tun.« Susan nickte.

Grama und ich schauten uns erstaunt an. Obwohl die Mädchen ihr ganzes Leben von Gramas Quilts umgeben waren, ihr beim Quilten zugeschaut haben und immer noch unter den Quilts schlafen, die Grama angefertigt hatte, als die beiden noch klein waren, haben sie nie Interesse daran gezeigt, selbst einen zu machen. Zu altmodisch. Zu viele andere Interessen. Zu zeitaufwendig.

Es gibt einen Ausspruch, der besagt: »Wenn der Schüler bereit ist, wird sich ein Lehrer finden.« Paradoxerweise war in diesem Fall der Lehrer lange Zeit bereit, und jetzt fanden sich die Schüler.

»Nun, ich bin zu allen Schandtaten bereit, wenn du es bist«, sagte ich achselzuckend zu Grama und fügte für die Mädchen in dem Tonfall, der meinen erhobenen Zeigefinger am deutlichsten werden ließ, hinzu: »Okay. Aber ist euch klar, wieviel Arbeit das beansprucht und wieviel Zeit?«

»Sicher«, nickten sie nachsichtig. Mütter sind so langweilig, aber irgend jemand muß den Job ja schließlich machen.

»Seid ihr bereit, hierfür eine Verpflichtung einzugehen?

Ernsthaft bereit durchzuhalten, egal, was da kommt?« Ich ließ nicht locker. »Es hat keinen Zweck, damit anzufangen, wenn ihr es nicht zu Ende bringt.«

Sie dachten eine Minute lang nach.

»Ja, Ma.« Sie nickten noch einmal zuversichtlich. »Wir möchten das wirklich tun.«

»Einen Augenblick noch. Laßt uns noch einmal klarstellen, ob wir uns darüber einig sind, worüber wir sprechen. Was also ist eine Verpflichtung?«

»Es ist ein Versprechen, etwas zu tun«, antwortete Susan.

»Es ist auch etwas, das jede Partei in einer gegenseitigen Abmachung eingeht«, fügte Jennifer hinzu.

»Ja, in diesem Fall ist es ein Teil der Abmachung. Ihr erklärt euch einverstanden, etwas zu tun, und Grama erklärt sich einverstanden, etwas zu tun. Wie halten wir das ein?« fragte ich.

»Indem jeder die Abmachung und das, was erwartet wird, versteht«, schlug Susan vor.

»Gut. Das ist vollkommen richtig. Also, was sind die Erwartungen?« half ich nach.

»Also, ich glaube, wir erwarten von Grama, daß sie uns beibringt, einen Quilt zu machen, und Grama ihrerseits erwartet von uns, daß wir es lernen«, antwortete Jennifer.

»Das könnte auch heißen, daß sie euch auf dem Weg einige Ratschläge erteilen wird, von denen wir ja wissen, daß ihr Mädchen euch schwertut, sie anzunehmen, stimmt's?« fragte ich. »Also, kann man von euch erwarten, daß ihr zuhört und ihre Anweisungen befolgt?«

»Ja, Ma«, erklang es genervt im Chor.
»Übrigens, was geschieht, wenn ihr diese Verpflichtung nicht einhaltet?«
»Wir würden Grama enttäuschen«, gab Susan zur Antwort.
»Ja, und wen noch?«
»Dich.« Diesmal antwortete Jennifer.
»Und wen noch, was weit wichtiger ist?« spornte ich sie an.
Sie wußten, was kommen würde. Alle Mütter verhalten sich so. Ich glaube, daß jungen Müttern noch im Krankenhaus dieses Verhaltensmuster in Fleisch und Blut übergeht.
»Wir würden uns selbst enttäuschen«, antwortete Jennifer wieder genervt. Susan nickte.
»Warum?«
»Weil in Zukunft keiner mehr an unsere Versprechen glauben würde«, antwortete Susan.
Ich nickte. »Ihr würdet das Vertrauen verlieren.«
Grama fuhr fort: »Und so verhält es sich mit jeder Verpflichtung, die ihr im Leben eingeht. Eure Handlungen sollten die Menschen nie dazu veranlassen, das Vertrauen in euch zu verlieren. Die Verläßlichkeit gehört zu den wichtigsten Fundamenten eures Charakters, sie ist die Grundlage für alle eure Beziehungen, weil sie eben Vertrauen schafft.
Das ist also deine erste Lektion in Sachen Erfolg, Jennifer. Und deine auch, Susan«, hob Grama hervor. »Wißt ihr, Mädchen, eine alte Frau wie ich hat eine

Menge Zeit, über das Leben nachzudenken und über das, was die Menschen scheinbar glücklich macht.«

»Wie meinst du das, Grama?« fragte Susan.

»Damals auf der Farm, wenn sich alle Frauen zum Quilten versammelten, haben wir manchmal das Radio eingeschaltet und Nachrichten aus aller Welt gehört. So wie du, Jennifer, wollten wir jungen Frauen unseren Horizont erweitern, indem wir die Romantik und den Reiz des Reisens erleben wollten; aber die alten Frauen lachten uns aus und sagten, sie wüßten alles, was sie wissen müßten, daher, daß sie in ihren vorderen Salons beim Quilten saßen. Schließlich wuchs in mir das Verständnis für das, was sie meinten. Ich habe einige meiner besten Gedanken beim Quilten gehabt und erkannt, daß jeder Schritt in der Herstellung eines Quilts eine Metapher für das ist, was wir im Leben tun müssen. Ich habe mir da etwas ausgedacht, das ich die zwölf goldenen Fäden nenne. Jeder einzelne davon stellt eine wichtige Eigenschaft deines Charakters dar. Wie du diese Fäden durch deine Erfahrungen und Entscheidungen webst, wird letztendlich den Sinn und den Erfolg deines Lebens bestimmen.«

»Warum Fäden, Grama?« fragte Jennifer. »Ich meine, ich weiß, daß du eine Quilterin bist und so, aber …« Ihre Frage verlor sich.

»Ich nenne sie Fäden, weil du sie wie von einer unendlichen Garnspule fortwährend durch dein gesamtes Leben abspulen mußt. Es ist nichts, das du einmal tust und womit du dann fertig bist. Deine Werte sind wie hin- und zurückgewobene Fäden, die zusammen ein ganzes Stück Stoff, ein ganzes Leben, ergeben. Je stärker die Fäden, desto stärker der Stoff, und je stärker der Stoff, desto besser wird der Quilt sein. Im Leben ist es ähnlich, je stärker dein Charakter, desto erfolgreicher und glücklicher wirst du sein.«

»Die Idee gefällt mir, Grama. ›Mit goldenen Fäden zum Erfolg.‹ Einer von ihnen muß die Verpflichtung sein, von der wir schon gesprochen haben, stimmt's? Welches sind die anderen?« fragte Susan.

Grama nickte bejahend. »Der erste goldene Faden ist: Gehe eine Verpflichtung ein. Wenn wir weiterhin den Quilt als unser Beispiel nehmen, dann, denke ich, werden die anderen goldenen Fäden mehr Sinn ergeben, wenn wir zum geeigneten Zeitpunkt bei der Arbeit an euren Quilts darüber reden. Ich verspreche euch, ich lasse es euch wissen, wenn wir zu den anderen kommen. Und jetzt denkt daran, daß der erste goldene Faden ›Gehe eine Verpflichtung ein‹ ist«, dozierte Grama.

»Die Triebfeder einer Verpflichtung ist dein Wunsch. Je stärker du dir etwas wünschst, desto mehr verpflichtest du dich, es zu erreichen«, wiederholte ich. »Wenn ihr jetzt also bereit seid, eine Verpflichtung einzugehen, und mit einem Quilt anfangen wollt, dann ist das erste, was ihr entscheiden müßt, wann ihr damit fertig sein wollt«, sagte ich.

Sie sahen mich erstaunt an.

»Wir haben doch noch nicht einmal begonnen! Wie

können wir da wissen, wann wir damit fertig sein werden?« fragte Jennifer fordernd.
»Ich habe nicht gesagt, ihr sollt ›wissen‹, wann es so weit ist, sondern wann ihr damit fertig sein ›wollt‹. Denkt euch den Quilt als ein zu erreichendes Ziel. Ihr habt euch schon vorher Ziele gesetzt, und ihr wißt, daß zielstrebige Handlungen zum Erfolg führen«, erinnerte ich sie.
»Könnte ›Setze dir ein Ziel‹ ein weiterer goldener Faden sein, Grama?« nahm Susan vorweg.
Grama nickte. »Ja. Sehr gut. Siehst du, Ziele sind wie die Nähte eines Kleidungsstückes, wie die deiner Jacke. Sie halten den ganzen Entwurf zusammen. Nähte formen das Kleidungsstück, und so geben Ziele deinem Leben Form und Richtung. Eine Richtung zu haben verleiht dir Initiative.«
Ich fuhr fort: »Denkt immer daran, euch ein Ziel zu setzen. Das Ziel sollte S-M-A-R-T sein. Macht es:

Spezifisch,	so daß ihr immer wißt, worum es geht.
Meßbar,	so daß ihr wißt, wann das Ziel erreicht ist.
Absolut durchführbar,	so daß es kein unmöglicher Tagtraum bleibt.
Relevant,	so daß es für euch wichtig ist.
Terminlich eingegrenzt,	damit es innerhalb eines zeitlichen Rahmens liegt.

Ohne eine Frist arbeitet ihr immer auf ein verschwommenes Irgendwann hin, und schwammige Irgendwanns stellen sich nie ein. Indem ihr euch eine machbare Frist setzt, erhaltet ihr euch Motivation und Aufmerksamkeit.«

»Wie wär's mit Weihnachten?« schlug Jennifer eifrig vor.

»Unmöglich«, protestierte Susan. »Vergiß nicht, daß Grama uns alles zeigen muß, und ich habe Schule und muß lernen. Ich muß dieses Jahr gute Noten erreichen, sonst schaffe ich es nicht, aufs College zu kommen. Wie wär's mit der Zeit nach meinem Eintritt ins College?« lautete ihr Gegenangebot.

Ich schüttelte den Kopf. Susan ist eine ausgezeichnete Schülerin, aber sie macht sich immer noch Sorgen um ihre Noten. »O Susie, das ist zu lange«, widersprach ich. »Nehmt euch genügend Zeit, um die Arbeit zu erledigen, aber nicht so viel, daß ihr eure Begeisterung verliert und anfangt aufzuschieben. Los, fordert euch selbst. Wie wär's mit einem Jahr? Nächstes Jahr um diese Zeit?«

»Aber wir – ich schaffe das nicht«, beklagte sich Susan. »Grama benötigt ein Jahr, um einen Quilt zu machen, und sie ist eine Expertin. Ich habe noch keine Ahnung davon.« Die Unsicherheit ihrer Jugend wurde ihr angesichts der Sicherheit, die Grama durch ihre langjährige Erfahrung gewonnen hatte, besonders deutlich.

»Aber ich bin alt«, entgegnete Grama lachend. »Es gibt immer einen Ausgleich im Leben. Sieh dir diese knorrigen alten Finger an. Ihr jungen Mädchen könnt alles schneller als ich. Es ist nicht schwer, ihr werdet schon sehen.« Sie lächelte beruhigend. »Habt keine Angst vor der Größe des fertigen Quilts oder des Zieles. Denkt daran, die einzig mögliche Art, einen Elefanten zu essen, ist Happen für Happen. Wir werden die ganze Arbeit in Häppchen aufteilen, die alles einfacher machen werden, und die Zeit wird schnell vergehen.«

»Ich bin immer noch nicht sicher, ob ich in einem Jahr einen Elefanten essen kann, auch wenn es Happen für Happen geschieht«, rief Susan scherzend aus.

»Also, Susan«, schalt Grama sachte. »Mögliche Hindernisse auf dem Weg zur Vollendung eines Projekts sollten euch nie davon abhalten, überhaupt anzufangen. Jeder alte Dummkopf kann einen Quilt machen, wenn er nur ein paar einfache Tricks lernt. Wie im Leben sind nur ein paar gute Gewohnheiten nötig. Ein Jahr ist mir recht. Nebenbei gesagt, möchte ich auch sichergehen, daß ich noch hier bin, um eure fertigen Quilts zu sehen.«

»O Grama, du wirst ewig leben«, behauptete Susan zuversichtlich. »Glaubst du wirklich, wir könnten einen Quilt in einem Jahr schaffen?« fragte sie ungläubig.

Grama nickte bejahend.

»Okay. Ein Jahr«, stimmte Jennifer zufrieden zu.

»Okay. Ein Jahr«, sagte Susan, weniger überzeugt.

Um den Pakt zu besiegeln, faßte ich zusammen: »Also sind wir die Verpflichtung eingegangen, daß jede von euch bis zum nächsten Jahr um diese Zeit einen Quilt vollenden wird, indem ihr Schritt für Schritt jeden Monat daran arbeitet, wenn wir Grama besuchen.«

Wir nickten alle.

Grama sann nach. »Mädchen, der Entwurf eures Quilts ist eine ausgezeichnete Metapher für den Entwurf eures Lebens. In beiden Fällen schafft jede von euch etwas, das ein Teil eurer Zukunft sein wird. Sich ein Ziel zu setzen bedeutet, in die Zukunft zu blicken. Deswegen besteht die erste wichtige Übung darin, euch vor eurem geistigen Auge genau vorzustellen, wie ihr wollt, daß euer Ziel – der Quilt oder sogar die Zukunft – aussieht. Betrachtet es so detailliert wie möglich. Denkt es euch groß und in voller Farbe.«

»Profigolfer tun das doch auch, oder?« sagte Susan. »Die üben ihren Schlag zuerst im Kopf, bevor sie spielen. Ich habe gehört, daß sie ihren Schwung tatsächlich verbessern können, indem sie ihre Bewegungen vorher im Geiste durchgehen.«

Grama lächelte und fuhr fort: »Das stimmt. Und ihr könnt eurer Vorstellung noch hinzufügen, wie großartig ihr euch fühlen werdet, wenn ihr es vollbracht habt. Je mehr Freude und Begeisterung ihr bei der Vorstellung empfindet, desto leichter wird euch die Arbeit fallen und desto motivierter werdet ihr sein, das Ziel zu verwirklichen.«

»Wie fangen wir an, Grama?« fragten sie.

»Wir fangen an«, antwortete sie, »indem wir hinunter in Ivys Restaurant gehen und etwas zu Mittag essen.

Heute gibt es Kürbis-Pie, und das möchte ich nicht verpassen. Danach gebe ich euch einige meiner Quiltbücher und -zeitschriften. Die könnt ihr mit nach Hause nehmen und entscheiden, welches Muster ihr wählen wollt und welche Farben euch gefallen. Ihr beide werdet eine ganze Menge Entscheidungen treffen müssen, während ihr eure Quilts entwerft. Bei eurem nächsten Besuch teilen wir die Arbeit häppchenweise ein und erstellen einen Aktionsplan, um sie zu bewältigen«, schloß Grama, als wir zum Mittagessen ins Restaurant schritten.

Auf der Fahrt nach Hause blätterten Jennifer und Susan in Gramas Quiltzeitschriften. Ich sagte ihnen, wie glücklich ich sei, daß sie sich dazu entschlossen hätten, Quilts zu machen. Es ist etwas Besonderes, ein Unternehmen mit Grama zu teilen, und außerdem ist sie ein phantastisches Vorbild für die Mädchen.

»Findet jemanden, der bereits ein Experte und erfolgreich in dem ist, was ihr machen wollt, und nehmt ihn euch als Vorbild. Lernt von ihm, ahmt sein Tun nach, und nehmt euch das zu Herzen, was er euch lehrt. So könnt ihr nichts falsch machen. Vorbilder«, erklärte ich, »helfen uns, indem sie uns Möglichkeiten aufzeigen, ein Ziel zu erreichen, und uns klarmachen, was das bisweilen kostet.«

»Was meinst du damit?« fragte Susan.

»Es ist immer ein Preis zu zahlen«, warnte ich, »entweder in Form von Gefühlen, Zeit und Energie oder sogar, indem wir etwas aufgeben, das uns weniger wichtig ist. Tatsächlich können uns aber auch negative Vorbilder zeigen, was wir nicht tun sollten oder was es uns kostet, wenn wir unsere Ziele nicht verwirklichen.«

»Das hört sich für mich an wie ein weiterer von Gramas goldenen Fäden«, hänselte Jennifer.

»Hm. Nicht ganz. Ich glaube, ihr werdet herausfinden, daß es ein Prozeß ist, der den Charakter formt und aus dem sich das sogenannte ›richtige Verhalten‹ ergibt, wenn ihr euch von den goldenen Fäden leiten laßt. Vorbilder erleichtern nur den Weg, indem sie als Beispiele dienen. Ihr könntet sie euch als die Heftfäden vorstellen, die ihr beim Nähen als Richtlinie für die endgültigen Stiche benutzt«, sagte ich und stellte so für sie eine Analogie zum Nähen her.

Jennifer fuhr fort: »Also könnte ich zum Beispiel herausfinden, wer der erfolgreichste Börsenmakler oder die erfolgreichste Börsenmaklerin in meiner Bank ist, und ihm oder ihr nacheifern?«

»Ja, darum geht's«, bestätigte ich.

»Ma?« Das war Susan, verwirrt. »Sollte man hingehen und Leute um ihren Rat bitten, etwa: ›Wie sind Sie so erfolgreich geworden?‹«

»Das ist eine Möglichkeit, sicher. Im Geschäftsleben oder im Handel wird sich eine Führungskraft oder ein erfahrener Vorgesetzter öfter eines Anfängers oder eines Auszubildenden annehmen, so wie Grama es mit euch macht, um ihm zu zeigen, wo es langgeht, gewissermaßen als Mentor. Aber ein Vorbild, ein Rollenmodell, kann jeder sein. Sogar jemand, den ihr nicht kennt. Die müssen ja nicht erfahren, daß ihr sie nachahmt.«

»Was ist der Unterschied zwischen einem Rollenmodell und einer Heldin?« fragte Jennifer.

»Da gibt es einen feinen Unterschied«, erklärte ich. »Eine Heldin bewunderst du wegen ihrer Charaktereigenschaften, und du möchtest sein wie sie. Wie das Wort ›Rolle‹ schon sagt, ist ein Rollenmodell jemand, dem du in seiner Rolle nacheifern möchtest. Du mußt sie oder ihn als Mensch noch nicht einmal mögen. Zum Beispiel magst du eine bestimmte Sportlerin vielleicht nicht, weil sie launisch und arrogant ist, aber du könntest ihrer erfolgreichen Vorgehensweise nacheifern und jeden Tag trainieren, das Richtige essen und so weiter. Ergibt das einen Sinn?«

Sie nickten beide.

»Aber ein Rollenmodell könnte auch eine Heldin sein«, schlug Jennifer vor.

»Ja«, stimmte ich zu.

»Könnten Rollenmodelle auch geschichtliche Figuren oder berühmte Leute sein?« fragte Susan. »Einer meiner Lehrer sagte, daß Mutter Teresa eine großartige Lehrerin sei. Und da ich unterrichten möchte, würde es mir helfen, eine bessere Lehrerin zu werden, wenn ich Mutter Teresa studieren würde?«

»So ist es«, ermunterte ich sie. »Sobald du dein Rollenvorbild ausfindig machst und verstehst, kannst du dich in bestimmten Situationen immer fragen: ›Wie würde Soundso das jetzt handhaben?‹ Das ist eine großartige Methode, Entscheidungsprozesse zu vereinfachen. Erschaffe dir einfach im Geist einen Beraterstab, der sich aus Leuten zusammensetzt, deren Meinung du respektierst, und bitte sie um Führung und Ratschlag. Sieh mal, wir suchen uns im Leben öfter unsere Rollenmodelle aus, weil sie die Idealvorstellung unseres Selbst verkörpern.«

»Könnte ich Grama in meinen Beraterstab aufnehmen?« fragte Susan.

»Sicher kannst du das. Sie ist jemand, den ich immer gern in meinem Team hätte«, stimmte ich ihr zu. »Eine Vorsichtsmaßnahme möchte ich jedoch noch erwähnen. Versichert euch, daß die Auffassung von Erfolg und wie man ihn erreicht, bei eurem Rollenvorbild die gleiche ist wie bei euch. Noch mal, ihr müßt euch darüber im klaren sein, was Erfolg für euch persönlich bedeutet.« Letzteres sagte ich in Richtung Jennifer.

»Geld machen«, antwortete sie zuversichtlich und stur.

»Um jeden Preis? Auch wenn du zum Beispiel dafür stehlen und lügen müßtest? Wenn dein auserkorenes Vorbild krumme Geschäfte machte, würdest du dann trotzdem in seine Fußstapfen treten?« fragte ich.

»Nein, natürlich nicht!«

»Gut. Und wenn er oder sie zwanzig Stunden am Tag arbeiten würde, um Erfolg zu haben?«

»Ich bin bereit, hart zu arbeiten, wenn es nötig ist.«

»Ich bin sicher, daß du das bist. Aber wärst du das auch, wenn das hieße, keine Zeit mehr für Verabredungen, zum Verlieben und für eine Familie zu haben? Oder wenn es deine Ehe so belasten würde, daß du am Ende geschieden wärst? Würde das für dich Erfolg bedeuten, auch wenn du einen Haufen Geld verdientest?«

»Nein, aber das würde mir nie passieren!«

»Süße, niemand plant Katastrophen ein. Aber du kannst Problemen vorbeugen oder zumindest ihre Auswirkungen mildern, wenn du auf die möglichen Ergebnisse deiner Entscheidungen und den zu zahlenden Preis vorbereitet bist und wenn du entsprechend planst. Wie wir schon sagten, wenn du weißt, was Erfolg ist und warum du ihn suchst, dann mußt du auch erkennen, welchen Preis er hat und was es dich kosten wird, wenn du ihn nicht erreichst. Darum nehmen wir unsere Rollenvorbilder als Beispiele, damit wir weisere Entscheidungen treffen können.«

Ich machte eine Pause, um Jennifer Zeit zum Nachdenken zu geben. Ihre Lippen waren zu einer dünnen Linie zusammengepreßt, Zeichen inneren Aufruhrs. Ich bin seit fünfzehn Jahren, seit Susan zur Vorschule ging, eine ziemlich geschätzte Berufspsychologin. Obwohl ich einen Abschluß in Betriebspsychologie habe und mehrere Jahre in einer großen Firma tätig war, habe ich mich zeitweilig aus dem Berufsleben zurückgezogen, um Mutter zu werden. Als ich zur Vollzeitbeschäftigung zurückkehrte, hatten sich meine Interessen verlagert, und ich beschloß, eine private Beratungspraxis zu eröffnen. Aufgrund dessen vollziehe ich zu Hause immer den Drahtseilakt zwischen dem Dasein einer

Mutter und dem einer »Seelenklempnerin«. Manchmal übertreibe ich es, und Jennifer, das Familienbarometer, läßt es mich wissen. Sie wollen nicht immer hören, was Dr. Ma zu sagen hat.

»Wenn du eine Sache machst, geschieht das auf Kosten einer anderen. Wenn du Arzt wirst, wirst du wahrscheinlich nicht gleichzeitig Anwalt. Offensichtlich kannst du nicht alles machen. Okay, was soll's?« argumentierte Jennifer trotzig.

»Aber du kannst dich dafür entscheiden, glücklich zu sein«, antwortete ich, »indem du sicherstellst, daß all die Entscheidungen, die du über dein Leben triffst, dir Zufriedenheit verschaffen. Und das muß nicht unbedingt etwas mit Geld zu tun haben. Was ich sagen will, Schätzchen, ist, daß Erfolg für unterschiedliche Leute zu unterschiedlichen Zeiten unterschiedliche Bedeutung haben kann. Erstaunlicherweise will nicht jeder Millionär werden. Es gibt viele Arten, erfolgreich zu sein, und viele Wege, Erfolg zu erlangen. Zum Beispiel würdest du mir wahrscheinlich zustimmen, daß Ghandi ein außerordentlich erfolgreicher Mensch war, aber er besaß nichts. Er hatte eine ungeheure Wirkung auf sein Volk. Das war ihm wichtig. Er war erfolgreich in dem Bemühen, etwas für sein Volk zu tun, aber noch nicht einmal er erreichte alles, was er wollte.«

»Wenn Erfolg also zu jeder Zeit etwas anderes ist und wenn du ihn weder anhand von Gütern noch Verdienst, geschweige denn Leistung bemessen kannst, was ist dann Erfolg?« Jennifer war jetzt perplex und suchte nach einer konkreten Antwort. Sie wurde zunehmend frustierter. Von Natur aus ist sie gesellig, optimistisch und enthusiastisch. Sie reagiert eher gefühlsmäßig, als daß sie etwas logisch durchdenkt. Sie möchte die Initiative ergreifen, die manchmal wie eine Schrotflinte wirkt: weit streuend und explosiv. Es stört sie, wenn sie etwas nicht gleich versteht.

»Nun, es gibt da eine Definition von Erfolg, die es dir vielleicht leichter macht«, erklärte ich. »Erfolg kann einfach als die kontinuierliche Vorwärtsbewegung auf ein Ziel hin angesehen werden, was auch immer das Ziel sein mag. Mit anderen Worten: Es geht um den Prozeß, nicht um das Ergebnis«, erklärte ich ihr.

Sie dachte einen langen Augenblick nach, bevor sie sagte: »Ich verstehe. Und eine erfolgreiche Person ist dann jemand, der konstant auf sein Ziel hinarbeitet. Man kann erfolgreich sein, auch wenn man das Ziel nicht erreicht«, stellte sie fest.

»Richtig. Und wenn man ein Ziel erreicht hat, dann setzt man sich ein neues. Erfolg ist nach dieser Definition nicht das Ziel an sich, sondern das Beharren auf dem Weg zum Ziel. Wenn du dir diese Definition aneignest, dann wird dein Leben um vieles glücklicher werden, weil du dann die ganze Zeit erfolgreich sein kannst und nicht nur am Ende.«

Die Mädchen sahen mich mit verwirrten Mienen an, also fuhr ich mit einem Beispiel fort: »Ich denke, die schönsten Abenteuer liegen im Reisen. Wenn die Reise zum Zielort zehn Tage dauert, dann kommst du nur einmal, nämlich am zehnten Tag, an. Aber du reist neun Tage, um dorthinzugelangen. Ich würde mich lieber neun Tage lang glücklich und erfolgreich fühlen, anstatt nur an einem einzigen. Und wie du schon bemerkt hast, brauche ich noch nicht einmal anzukommen, um mich erfolgreich zu fühlen.«

»Diese Vorstellung gefällt mir.« Das Stirnrunzeln verschwand endlich aus Jennifers Gesicht. »Und ich könnte auf dem Weg noch zusätzlich Seitenwege einschlagen, vermute ich.«

Ich lächelte darüber. Ja, Jennifer läßt sich leicht ablenken.

»Natürlich. Während des Reisens ereignen sich allerhand interessante Dinge, und es ergeben sich allerhand Gelegenheiten zum Lernen. So wie bei eurem Quiltvorhaben. Es wird wundervoll sein, es vollendet zu haben, aber ich vermute, daß sich auf dem Weg dorthin und bei der Arbeit jene Dinge ereignen werden, die wirklich zum Nachdenken anregen. Und eure Freude an dem fertigen Quilt wird durch die Erinnerungen daran, welche Erfahrungen ihr bei seiner Anfertigung gemacht habt, nur noch vergrößert.«

»All das bestätigt noch einmal, wie wichtig es ist, Ziele zu haben – Gramas zweiter goldener Faden«, sinnierte Susan.

»Okay, ich werde ganz sicherlich über diese Zielsetzungs- und Erfolgsgeschichte nachdenken«, sagte uns Jennifer. »Wollt ihr mir dabei helfen?«

»Sicher will ich das. Wie ist es mit dir, Susan?« fragte ich.

»Oh, nun, natürlich ist das Setzen eines Zieles wichtig, aber diese Erfolgsgeschichte ist was für Jennifer. Sie ist die Ehrgeizige von uns beiden. Ich möchte nur unterrichten«, antwortete sie mit einem Schulterzucken. Sie hatte an den Diskussionen teilgenommen, aber scheinbar nur stellvertretend und zum Wohl ihrer Schwester.

»Willst du denn keine erfolgreiche Lehrerin werden?« tadelte Jennifer sie.

»Das ist nicht dasselbe«, entgegnete sie beleidigt.

»Also glaubst du, die Dinge, die Grama sagt, sind auf dich und die Entscheidungen, die du im Leben triffst, nicht anwendbar, nur weil du dir deinen Werdegang schon ausgesucht hast...« Ich ließ die unterschwellige Frage in der Luft hängen.

Susan sah mich eine Weile nachdenklich an. »Hmm«, sagte sie schließlich leise und einsichtig.

Ich hob die Augenbrauen und nickte zustimmend. »Hm.« Obwohl sie sich soviel Wissen anliest, geht das Offensichtliche manchmal an ihr vorbei.

»Also, so wie du deinen Quilt entwirfst, sind zum Entwurf deines Lebens Ziele nötig. Sobald du weißt, was du willst, warum du es willst und was für einen Preis es hat, besteht die erste Übung darin, es dir vor deinem geistigen Auge vorzustellen«, faßte ich Gramas Rezept kurz zusammen. »Und die zweite Übung besteht darin, ein Rollenvorbild zu finden und ihm nachzueifern.«

»Ein Vorbild wie Grama«, schlug Susan vor.

»Ja. Und nun zu den Quilts, Mädchen. Ich will es ganz deutlich sagen: Wenn diese Geschichte nur einer Tageslaune entspringt, dann denkt noch einmal gründlich darüber nach und entscheidet euch jetzt. Grama wird es verstehen, wenn ihr das Projekt wieder abblast«, sagte ich bohrend, aber meine Töchter blätterten bereits die Quiltzeitschriften durch, brachen über Farbkombinationen und spritzige Entwürfe in laute Ohs und Ahs aus, bezichtigten sich aber in erster Linie gegenseitig eines »doooofen« Geschmacks, wie Schwestern das nun einmal so tun.

Während wir nach Hause fuhren, sann ich über die kuriosen und überraschenden Wendungen nach, die jeder Tag im Leben bringen kann.

Wir würden uns also in ein Jahr des Quiltens stürzen. Die Verpflichtung war eingegangen worden, auch wenn noch niemand genau wußte, wie »das alles« aussehen sollte oder was nötig sein würde, um »das alles« zu schaffen. Wir hatten sogar einen zeitlichen Rahmen. Ein Einjahresziel. Die Mädchen fingen gerade an, das Endergebnis zu visualisieren, und Grama würde ihnen ein Vorbild sein.

Als wir in unsere Auffahrt einbogen, war ich zufrieden und ruhig. Das war ein guter Anfang, dachte ich. Die Mädchen waren aufgeregt. Ich schätzte mich glücklich und war stolz auf meine jungen Frauen. Es würde im kommenden Jahr eine Menge zu lernen geben.

Goldener Faden Nr. 1
Gehe eine Verpflichtung ein

Goldener Faden Nr. 2
Setze dir ein Ziel

NOVEMBER

Erste Schritte

Wir waren an diesem Morgen spät dran. Grama hatte am Telefon eine Bitte geäußert.

»Wenn Robbie das rote Hemd mit den kleinen lila Segelbooten nicht mehr trägt, dann kann ich es aufschneiden und für meinen neuen Quilt verwenden. Haben die Mädchen ihre Muster ausgesucht? Gut. Bis bald. Fahrt vorsichtig! Wir hatten hier letzte Nacht etwas Glatteis.«

Grama sieht es nicht gern, wenn etwas verschwendet wird, sie möchte alles aufbrauchen und hat das Gedächtnis eines Elefanten. Ihre altmodische, in der Armut ihrer Jugend geborene Sparsamkeit wurde in landesweiten Recyclingprogrammen neu erfunden, die mit Rücksicht auf die Umwelt entstanden. Das Alte ist wieder das Neue.

Also mußte das Hemd gefunden werden. Wenn man fünfundachtzig wird, denke ich, sollten die Leute einen nicht mehr enttäuschen.

Robbie hatte dieses spezielle Hemd seit Jahren nicht

mehr getragen. Es hatte Jack gehört. Als er gestorben war, trug Robbie es einen Monat lang jeden Tag. Er war damals dreizehn. Sogar die normalerweise so wilden und unsensiblen Jungen in der Schule ließen davon ab, Robbie wegen des knallbunten Hemdes aufzuziehen. Ich brachte es nicht übers Herz, es ihm auszureden. In Wahrheit wünschte ich, ich hätte das gleiche tun können, um Jack noch bei mir zu haben. Ich hielt Robbie nur an, das Hemd zu waschen, was er auch tat, mit der Hand, still für sich. Ich habe nie gewußt, was es war, aber ich fühlte, daß die Erinnerung an eine gemeinsam verbrachte Zeit, an eine Vater-Sohn-Zeit, lebendig gehalten werden mußte. Wie instinktiv wir uns doch an Symbolen festhalten!

Wenn ich nun zurückschaue, sehe ich, daß ich Glück hatte. Den Haushalt in Ordnung zu halten und drei Kinder zu versorgen machte es mir leichter. Während ich andere beriet, erlebte ich, daß ich ihnen Dinge sagte, die ich selbst hören mußte. Die unerträgliche Pein verblaßte zu einem stumpfen Schmerz. Wie ein Zug, der aus einem Bahnhof fährt, entfernte er sich, wurde Vergangenheit und bewegte sich langsam weiter und weiter fort in eine ferne Erinnerung. Nach einer Weile wurde das Hemd seltener getragen, dann gar nicht mehr, und schließlich landete es in einem Korb für Altkleider.

Nun wurde es glücklicherweise wieder gebraucht. Gramas Quilts sind immer eine wundervolle Montage von Altem und Neuem, Verbindungen kreuz und quer durch die Zeit. Sie sammelt, sortiert, überlegt hin und her und bringt aus der Vergangenheit Farbtupfer in die Gegenwart, ganz konkret und auch in metaphorischer Hinsicht. Frauen haben einen Bezug zu Metaphern, nicht nur in ihrer Sprache, sondern auch in ihrem Leben. Unsere einfachsten täglichen Handlungen nehmen einen zutiefst symbolischen und persönlichen Charakter an. Ganz nebenbei macht es auch noch Spaß, durch Gramas Quilts Erinnerungen wiederzufinden.

Mit fast fünfundachtzig Jahren ist Grama mehr der Vergangenheit zugeneigt als der Zukunft, außer in Zeiten wie diesen, wenn sie ihr Wissen unseren Mädchen vermittelt. Sie werden die Zukunft sein.

Da Grama nie Auto fahren gelernt hat, nehmen wir sie gern, wann immer möglich, an besondere Orte mit. Dies war unser Essen zum Thanksgiving Day, dem Erntedankfest. Es gab eine Menge, wofür wir dankbar sein mußten. Als ich Grama und die Mädchen ansah, erkannte ich, wie sehr ich mein »mittleres Alter« genieße. Ich befinde mich bequem in der Mitte zwischen Gramas Weisheit und der Unschuld und Begeisterung meiner Kinder.

»Das hier möchte ich machen, Grama.« Jennifer lächelte breit, als sie im Buch ihren Entwurfswunsch aufschlug, einen Regenbogen aus kräftigen Farben. Wir waren rechtzeitig zu einem späten Mittagessen angekommen und saßen alle an einem festlich geschmückten Tisch in einem örtlichen Restaurant.

Jennifer räumte das Geschirr beiseite, um Platz für ihre Zeitschrift zu schaffen. »Ist das nicht hinreißend? Es ist so leuchtend und modern.«

Ihrer Natur entsprechend, hatte sie sich ein spektakuläres Muster ausgesucht, ohne sich über die Einzelheiten, wie sie es fertigstellen würde, Gedanken zu machen. Ihre Begeisterung verleiht ihr angesichts der Herausforderung häufig eine unbesonnene Furchtlosigkeit.

»Hm«, stimmte Grama vorsichtig zu, wobei sie ihren erfahrenen Blick über die Seite gleiten ließ. »Nun, das wird zweifelsohne eine Herausforderung für dich werden.«

»Ganz schön ehrgeizig«, sagte ich nickend und dachte: Vielleicht zuviel des Guten. Würde ich jemals damit aufhören, Jenny als das kleine Mädchen zu sehen, das ständig nach Dingen außerhalb ihrer Reichweite greift? Instinktiv überbehütet man, aber haben wir unsere Kinder nicht immer dazu angehalten, sich zu strecken?

»Wenn sie dabei nur nicht blind wird«, neckte Susan. »Seht euch mal die winzigen Teile an. Das sieht nach Arbeit aus.«

»Das macht es interessant. Wenigstens wird meiner nicht langweilig«, höhnte Jennifer zurück. »So wie deiner«, fügte sie murmelnd hinzu.

»Du wirst deinen nie fertigkriegen. Du weißt, daß du nie zu Ende bringst, was du anfängst«, entgegnete Susan grinsend.

»Keiner wird sich je die Mühe machen, deinen anzuschauen«, gab Jennifer hochnäsig zurück.
Wir sind eine Familie, die liebend gern kursiv spricht.
»Laß mich mal deinen Entwurfswunsch ansehen, Susan«, unterbrach Grama etwas ungeduldig.
Susan hatte sich für ein einfaches traditionelles Muster, das »Churn and Dash«, entschieden, mit »Fliegenden Gänsen« auf dem Randstreifen; gedeckte Farben, auf Kattun gedruckt. Es wäre ein sicherer und unverbindlicher Anfang. Nachdem sie eine Verpflichtung eingegangen war, hatte Susan etwas ausgesucht, von dem sie sich vorstellte, daß sie es schaffen könnte. Im Gegensatz zu ihrer Schwester ist Susan schüchtern, vorsichtig und selbstkritisch und immer darauf bedacht, etwas entweder richtig oder überhaupt nicht zu machen. Wie habe ich es nur geschafft, zwei so unterschiedliche Töchter zu bekommen? Wieder einmal befand ich mich in der Mitte. Ich konnte mich selbst in beiden wiedererkennen.
»Wenigstens wird meiner mich nachts nicht wach halten. Oder im Dunkeln leuchten und mir Alpträume machen.« Susan ging wieder auf Jennifer los.
»Und das geht jetzt schon einen Monat so«, sagte ich stöhnend zu Grama. Ich habe nur einen älteren Bruder, und ich hatte mich immer gefragt, wie es wohl wäre, eine Schwester zu haben. Ich habe eine Menge über Schwestern von meinen Töchtern gelernt. Ich beneide sie nie um ihre Zankereien, aber an guten Tagen läßt mich ihre Kameradschaft wünschen, ich hätte eine

Schwester. Vielleicht bin ich deshalb mit den Jahren enger an Grama gerückt. Wenn Menschen älter werden, scheint die Zeit ab einem gewissen Punkt stehenzubleiben. Grama steht still, und ich hole sie mit dem Älterwerden ein. Wenn sie auf mich wartet, werden wir vielleicht eines Tages zusammen alte Schwestern sein. Die Tatsache, daß wir uns altersmäßig unterscheiden, wird sich im synchronen Rhythmus unserer Schaukelstuhlweisheiten verlieren.

Grama lächelte nur, ignorierte das alberne Gerede und sagte: »Nun, das ist gut. Ihr habt euch beide etwas anderes ausgesucht. Jede Wahl bringt eure unterschiedlichen Persönlichkeiten zur Geltung. So wie in euren Werdegängen: Susan, du möchtest Lehrerin werden, und du, Jennifer, möchtest in die Geschäftswelt. Es ist in erster Linie wichtig, daß eure Entscheidungen im Leben mit eurer Persönlichkeit und euren Werten übereinstimmen. Wenn eure Handlungen mit eurem Innern und euren Überzeugungen harmonieren, dann erreicht ihr Zufriedenheit oder innere Harmonie. Wir alten Leute sagen dazu: ›Sei dir selbst treu.‹«

»Aus psychologischer Sicht«, fuhr ich fort, »heißt das: Sich in einer Weise zu verhalten, die nicht mit deiner Auffassung von Recht und Unrecht übereinstimmt, führt auf schnellstem Wege zum Unglücklichsein und zu innerer Unruhe. Sehr oft sind Menschen sich nicht bewußt, daß sie sich selbst soviel Leid zufügen, oder sie wollen es nicht zugeben. Ihr erreicht euren inneren Frieden nur durch Übereinstimmung zwischen euren Handlungen und euren Überzeugungen. Darum kann man mit Geld kein Glück erkaufen, Jenny, besonders dann nicht, wenn die zum Verdienst erforderlichen Handlungen den eigenen Überzeugungen zuwiderlaufen.«

Grama nickte und lächelte. »Und die andere Seite dieser Übereinstimmung ist natürlich die Bereitschaft, andere zu akzeptieren. Jennifer, dein Entwurf ist verwegen, ehrgeizig und schön. Susan, deiner ist freundlich, friedlich und schön. Ihr seid zwei verschiedene junge Frauen. Laßt es zu, daß ihr verschieden seid. Schätzt und pflegt den Unterschied, und seid froh, daß ihr euch nicht gegenseitig kopiert. Das Leben ist interessant, weil Menschen verschiedene Gedanken und Ideen und ›Entwürfe‹ haben, und nicht weil alle gleich sind. Seid euch bewußt, was für euch persönlich richtig ist, akzeptiert, was für jemand anderen richtig sein könnte, und unterstützt andere, damit sie mit sich selbst übereinstimmen.«

Hier fiel ich ein. »Und wie wir Leute mittleren Alters sagen: ›Schönheit liegt im Auge des Betrachters.‹ Was ist schön? Susan, du sagst A, und Jennifer sagt B. Ihr habt beide recht. So wie ihr beschließt, das Leben zu sehen, so ist die Realität tatsächlich.« Ich hob ein Wasserglas und klopfte daran. »Ihr kennt doch den Spruch von dem halbleeren oder halbvollen Wasserglas? Es hängt alles von eurem Blickwinkel ab.«

»Du hast uns doch immer dazu angehalten, die Dinge auch einmal vom Standpunkt eines anderen aus zu sehen; meinst du das damit?«

»Ja«, lachte ich. »Ich wußte gar nicht, daß ich euch so viele Klischees beigebracht habe.«
»Das hast du allerdings«, neckte mich Jennifer. »Man soll den Tag nicht vor dem Abend loben.«
»Was du heute kannst besorgen, das verschiebe nicht auf morgen«, schaltete sich Susan ein.
»Was vorbei ist, ist vorbei«, ergänzte Jennifer.
»Okay, okay. Das gehört dazu«, sagte ich zu meiner Verteidigung. »Aber auf jeden Fall«, fuhr ich fort und brachte sie wieder auf das Thema zurück, »verlangt der Prozeß des Wachstums und der Reife von uns, Dinge anders zu sehen. Wenn ich will, daß die Wirklichkeit oder das Leben sich ändert, dann muß ich mich zuerst einmal selbst ändern. Ich muß bereit sein, meine Ansichten vom Leben zu ändern. Das Versäumnis zu erkennen, wann es Zeit ist, eine Idee, eine Einstellung oder eine Verhaltensweise aufzugeben, wirkt sich verheerend auf den Erfolg aus; für ein Individuum ebenso wie für eine Firma oder sogar für eine Gesellschaft. In einer Welt, in der Veränderungen immer schneller auf uns zukommen, ist die Fähigkeit umzudenken entscheidend. Veränderung ist ein anderes Wort für Zeit. Zeit erlaubt uns, das Wasserglas anzuschauen und zu sehen, ob es sich füllt oder leert. Dieses Wissen erlaubt es uns, uns anzupassen. Wenn ihr euch zur Gewohnheit macht, für Veränderungen offenzubleiben, dann werdet ihr euch eurer Fähigkeit zurechtzukommen immer sicher sein, und das hilft euch, die Angst vor der Zukunft und vor den Unge-

wißheiten, die wir alle ertragen müssen, zu überwinden.«

Grama nickte. »Wenn ihr beide mit eurer Einschätzung eines schönen Quilts richtigliegt und folglich keine von euch unrecht hat, warum könnt ihr dann nicht die jeweils andere Ansicht unterstützen, ohne eure eigene in Frage zu stellen oder zu gefährden? Ja? Gut, dann zieht die Boxhandschuhe aus, und gebt euch die Hand. Wir haben eine Menge Arbeit vor uns. Okay? Okay.«

»Grama hat recht«, gab Susan zu. »Und wie Ma schon sagte, unterscheidet sich dein Ziel von meinem; wichtig aber ist der Weg, den wir einschlagen.«

»Okay. Und jetzt sind wir mit Grama als unserer Anführerin auf dem gleichen Weg. Der Zielort ist egal, die Reise an sich zählt, stimmt's, Ma? Also, wie beginnen wir mit der Reise ins Quiltland, Grama?« erkundigte sich Jennifer.

»Hier kommt euer Aktionsplan ins Spiel«, fuhr Grama fort. »Wir haben bereits darüber gesprochen, wie wichtig es ist, daß eure Handlungen mit euren Werten übereinstimmen. Nun wird es Zeit, den Plan an sich zu besprechen.

Erinnert euch, der erste goldene Faden ist die Verpflichtung, und der zweite ist die Zielsetzung. Der dritte goldene Faden zum Erfolg ist: ›Plane deine Arbeit, und arbeite nach Plan.‹ Schreibt den Plan auf. In der gleichen Art, wie ihr das Schnittmuster für ein Kleid auf Papier zeichnet, ist euer Plan euer ›Schnittmuster‹ für den Erfolg. Ich würde niemals damit anfangen, einen

Quilt zu machen, ohne ihn vorher auf dem Papier zu entwerfen. Tatsächlich finde ich, daß der Vorgang, den Plan niederzuschreiben, mich in meiner Verpflichtung bestärkt und meine Aufmerksamkeit auf die Schritte lenkt, die mich zum Ziel führen. Merkt euch ganz einfach die Buchstaben S-T-E-P-S, die das englische Wort für Schritte ergeben. Sie stehen für: schlicht, terminlich eingegrenzt, effizient, Prioritäten setzen und starte jetzt.

Das ›S‹ steht für ›schlicht‹. Halte deinen Plan so schlicht wie möglich. Reduziere ihn, bis nur noch die wichtigsten Aktionspunkte übrigbleiben. Teile das ganze Projekt in kleine, einfacher zu bewältigende Aufgaben oder Vorgänge ein.

Das ›T‹ steht für ›terminlich eingegrenzt‹. Setze dir eine Frist für die Fertigstellung einer jeden Miniaufgabe.

Das ›E‹ steht für ›effizient‹. Das heißt, daß du alle möglichen Handlungsabläufe in Betracht ziehst und denjenigen bestimmst, der dich auf direktem Weg und in der kürzesten Zeit vom Start zum Ziel bringt.

Das ›P‹ steht für ›Prioritäten setzen‹. Das heißt, daß du jeden Punkt entsprechend seiner Wichtigkeit und Dringlichkeit in die Reihenfolge seiner Erledigung einordnest. Wir spannen den Karren nicht vor den Gaul. Mit anderen Worten: das Wichtigste zuerst.« Grama schwieg, während sie ihre Brille putzte.

»S-T-E-P-S«, wiederholte Susan. »Das ist einfach zu merken: schlicht, terminlich eingegrenzt, effizient, Prioritäten setzen und starte jetzt.«

Die Mädchen nickten, und ich fuhr fort: »Seht ihr, die

Planung sollte der einfachste Teil des Verfahrens sein. Es handelt sich bloß darum, alles vom Anfang bis zum Ende logisch zu durchdenken, wobei man die notwendigen Schritte erkennen muß. Den Plan auszuführen sollte der härtere Teil sein. Sehr oft jedoch bleiben die Leute im Planungsprozeß selbst stecken.«

»Ich weiß, was du meinst, Ma. Ich habe Freunde, die immer über ihre Pläne reden, aber nie etwas zustande bringen«, stimmte Susan zu. »Meine Freundin Kendra plant, sich selbst ein Kleid für den Abschlußball zu nähen, aber sie tut nie etwas dafür. Jedesmal, wenn ich sie darauf anspreche, hat sie irgendeine Ausrede. Wenn sie etwas Geld hat, geht sie ins Kino. Wenn sie ein freies Wochenende hat, fährt sie Skilaufen. Sie hat eine Menge Pläne und gute Absichten, aber irgendwas scheint immer dazwischenzukommen.«

»Das klingt ja wie Emmas Dilemma«, kommentierte ich.

»Was ist denn das?« fragte sie.

»Vor einigen Jahren hatte ich eine Patientin namens Emma. Sie sagte immer, sie sei entschlossen, ihre Schulden loszuwerden, aber jedesmal, wenn sie sich mit einer finanziellen Entscheidung konfrontiert sah, wollte sie auch kurzfristige Befriedigung. Sie wollte einen besseren Job, aber sie war nicht bereit, abends oder am Wochenende zu arbeiten, um einen zu bekommen. Tatsächlich gab sie schließlich Geld aus, anstatt die Möglichkeit, etwas zu verdienen, wahrzunehmen. Das ist ein allgemeines Dilemma. Es erwächst aus der Unsicherheit darüber, was deine wirklichen Prioritäten sind. Trotz der vielen Worte offenbaren sich die eigentlichen Werte und Wünsche der Menschen in ihren Taten. Wenn du sagst, du möchtest finanzielle Sicherheit, aber jedes Wochenende zum Skilaufen fährst, dann betrügst du dich nur selbst. Entweder bringst du deine Handlungen in Einklang mit deinem erklärten Ziel, oder du gestehst dir ein, daß in Wirklichkeit das Vergnügen an erster und die Sicherheit erst an zweiter Stelle deiner Prioritätenliste steht. Tatsächlich ist das eine Art idiotensichere Möglichkeit, jedesmal, wenn du eine Entscheidung zu treffen hast, die richtige zu treffen. Mach dir deine echten Prioritäten bewußt. Wenn du dir über deine Absicht im klaren bist, dann ist die Planung der Schritte, die dich dahin führen, ganz einfach.«

»Letztes Jahr in der Schule«, erinnerte sich Jennifer, »hingen ein Mädchen aus meiner Klasse und ich zusammen herum. Sie erzählte mir, daß sie einen tollen Studienplan auf ihrem Computer erstellt hätte. Zuerst war ich beeindruckt. Jede Woche zeigte sie mir einen neuen Ausdruck ihres Terminplanes und erklärte, wieviel Zeit ihr noch blieb, ihre Hausarbeiten zu Ende zu bringen. Dann fiel mir auf, daß sie weiterhin plante und umplante und für die gleiche Arbeit, die gleichen Essays und Lektüren, immer neue Termine ansetzte. Aber nichts geschah.

Als die Abgabetermine näher rückten, kam sie immer noch jeden Tag mit einem neuen Plan an, fest davon überzeugt, alles schaffen zu können. Wenn sie nur etwas von der Zeit, die sie auf die Planung verschwendet hatte, darauf verwendet hätte, wirkliche Arbeit zu leisten, hätte sie vielleicht etwas erreicht. Nach einer Weile konnte ich es nicht mehr ertragen, sie in meiner Nähe zu haben.«

»Das ist ein typisches Beispiel für jemanden, der oberschlau ist, Jenny«, versicherte ich ihr. »Versuch, dich durch dieses negative Beispiel nicht von deinem Vorhaben abbringen zu lassen. Das Wichtigste ist: Sobald du einen brauchbaren Plan hast, fang mit der Arbeit an! Er muß anfangs gar nicht perfekt sein. Ein Plan ist kein Ersatz für die Arbeit. Er ist nur dazu da, dir die Übersicht zu erleichtern und deine Aufmerksamkeit zu schärfen. Deswegen nennt man ihn einen Aktionsplan, und nicht einen Planplan. Wißt ihr, welcher der wichtigste der ›S-T-E-P-S‹ ist?«

»Welcher?« fragte Susan gehorsam.

»Der letzte. Das letzte ›S‹ steht für ›Starte jetzt‹. Du mußt auf den Plan die Handlung folgen lassen. Nichts kommt zustande, solange du nicht anfängst. Ein Plan, der nicht in die Tat umgesetzt wird, ist nur ein müßiger Traum. Wie bei deiner Freundin, Jenny. Sie hat sich nie dazu aufgerafft, ihre Arbeit zu machen.«

»Ein letzter Punkt über das Planen: Wenn das Eingehen und das Einhalten von Verpflichtungen ein Wert ist, der euren Charakter als vertrauenswürdige Personen ausmacht, was, glaubt ihr, sagt dann die Durchführung eines Planes über euch aus?« fragte Grama.

»Daß du hart arbeiten kannst«, schlug Jennifer vor.
»Ja, und was macht dich zu einem hart arbeitenden Menschen?« half Grama nach.
»Ähmm, Ausdauer«, vermutete Susan.
»So ungefähr. Was macht dich ausdauernd?«
»Disziplin?«
»Richtig. Selbstdisziplin.« Grama nickte befriedigt.
»Glaubt ihr, daß das eine Eigenschaft sein könnte, die Arbeitgeber da draußen in der Arbeitswelt an ihren Angestellten schätzen?« schlug ich vor.
»Sicher. Weil sie dann wüßten, daß du organisiert bist und daß du deine Arbeit erledigst, ohne von ihnen ständig kontrolliert werden zu müssen«, sagte Susan.
»Glaubt ihr denn, daß Menschen ohne Selbstdisziplin Erfolg haben können?«
»Auf gar keinen Fall!« riefen sie zustimmend.
»Und darum ist ›Plane deine Arbeit, und arbeite nach Plan‹ der dritte goldene Faden«, bestätigte Grama.

Wir waren in Gramas Apartment zurückgekehrt, und während des restlichen friedlichen Nachmittags zeigte Grama Jennifer und Susan, wie man Pappschablonen anfertigt, die man benutzt, um die einzelnen Stoffteile für das Muster zuzuschneiden. Dann erklärte sie ihnen, wie man die Gesamtstoffmenge kalkuliert und diese in käufliche Meterware umrechnet. Es fiel ihnen leichter, als sie erwartet hatten. Alles, was sie brauchten, war einfache Mathematik und Grundschul-Geometrie.

Als wir uns schließlich von Grama verabschiedeten, hatten Jennifer und Susan ihren Aktionsplan für das nächste Jahr in Monatseinteilungen schriftlich festgehalten. Sie hatten nun alle ihre ›S-T-E-P-S‹. Ihr Plan war schlicht, terminlich eingegrenzt, effizient, hatte Prioritäten, und sie waren jetzt am Start.

Sie wußten genau, wieviel von jedem der verschiedenfarbigen Stoffe sie für die Ober- und die Rückseite des Quilts brauchten. Sie hatten einen Kostenvoranschlag erstellt. Wir hatten einen Termin für den Materialkauf vereinbart. Sie waren darauf vorbereitet, auf eine zweite Wahl zurückzugreifen oder alternative Ideen zu entwickeln, sollte sich das Gewünschte nicht finden oder ihre Möglichkeiten überschreiten. Sie hatten nur begrenzte Mittel: Das meiste Geld, das Susan nach der Schule in einem Lebensmittelgeschäft verdiente, sparte sie für das College; und Jennifers Einstiegsgehalt wurde gebraucht, um eine neue »Geschäfts«-Garderobe zu kaufen. Ich war versucht, ihnen zu helfen, dachte aber, daß sie ihren Quilt mehr schätzen würden, wenn er sozusagen im Schweiße ihres Antlitzes wie auch mit eigenen Händen entstünde.

Wir waren bereit anzufangen.

Die Quiltprojekte waren in kleinere Aufgaben, die in den einzelnen Monaten zwischen den Besuchen bei Grama zu bewältigen waren, aufgeteilt worden. Zuerst würden die Mädchen den ganzen Stoff vorwaschen und bügeln; im nächsten Monat würden sie bereit sein zum Zuschneiden der Patchwork-Teile. In den folgenden

Monaten würden sie die Quiltoberseite zusammennähen, die Vlieseinlage und den Unterstoff der Rückseite hinzufügen und das Ganze zusammenheften. Wenn diese Teile erst einmal zusammengenäht waren, würden sie das gesamte Steppen mit der Hand durchführen und schließlich die Randeinfassungen ergänzen. Zum guten Schluß würden sie die fertigen Quilts signieren und datieren und das Erreichte feiern. Es würde eine Menge zu tun geben.

»Plane deine Arbeit, und arbeite nach Plan«, hat auch Jack immer gesagt, als er unseren Kindern beibrachte, wie sie ihre Hausaufgaben erledigen sollten. Es hatte mir niemals gedämmert, daß er dasselbe auf dem Schoß seiner Mutter, auf Gramas Schoß, gelernt hatte. Damals hätte sie niemals mit einem Sohn so über das Quilten gesprochen wie jetzt mit Jennifer und Susan, aber die Saat ihrer Weisheit ging offensichtlich bereits vor Jahren auf. Irgendwie hatte sie es geschafft, ihre Erfahrungen und Werte in Lektionen zu übersetzen, die Jack und seine Brüder verstanden und verinnerlicht hatten. Aus ihm war ein unterstützender, »feministischer« Ehemann und Vater geworden, lange bevor das anerkannt und populär war. Auf jeden Fall können die Weisheiten und Werte der Frauen Männern übermittelt werden, wenn es sinnvoll geschieht, aber nicht, indem man sie ihnen einhämmert.

Plane deine Arbeit, und arbeite nach Plan. Unsere Mädchen machten gerade genau das. Jack wäre stolz auf sie gewesen.

Grama hatte drei ihrer goldenen Fäden gesponnen. Wir waren eine Verpflichtung eingegangen, hatten ein Ziel gesetzt und besaßen jetzt einen Aktionsplan. So weit lief alles einfach gut.

Goldener Faden Nr. 3
Plane deine Arbeit, und arbeite nach Plan

DEZEMBER

Miß zweimal, schneide einmal

Weihnachten ist in unserem Haus immer eine wunderschöne und betriebsame Zeit des Jahres. Soviel Kommen und Gehen. So viele Hochs und Tiefs. Einige Reibereien, viele Umarmungen. Erinnerungen schimmern auf, sinken schwebend in die Tiefe wie Blätter im Herbst, nähren den Boden, auf dem im Frühling Neues wachsen wird.

Ich neckte Robbie damit, daß alles, was er mir zu Weihnachten mitgebracht hätte, seine Dreckwäsche sei. Die Mädchen hängten einen seiner schmutzigen Socken als Weihnachtsstrumpf an den Kaminsims. Er stahl ihre Strumpfhosen und schmückte damit den Baum. Am Heiligabend hatte ich das letzte Wort. In die diversen Strümpfe und Strumpfhosen steckte ich eine kleine Packung Waschmittel und eine Fotokopie der Gebrauchsanweisung für die Waschmaschine. Alberne Familienscherze.

Jemand sagt: »Ich vermisse Daddy«, und wir sind alle für eine Weile still.

Es klingelt an der Tür, und Nachbarn platzen herein, auf ein paar Kekse und einen Eierlikör. Sie stampfen mit den Füßen auf, um den Schnee abzuschütteln, und füllen das Haus mit lauten, gutgelaunten Weihnachtswünschen. Die Mädchen sind besonders glücklich über die »Ahs« und »Ohs«, die ihrem sorgfältig geschmückten Baum gelten. Irgendwie kann ich mich nicht daran erinnern, jemals einen häßlichen Weihnachtsbaum gesehen zu haben.

»Ihr wißt, daß ich immer versuche, euch Mädchen unterschiedliche Weihnachtsgeschenke zu machen«, erklärte Grama, als sie ihnen am Weihnachtsmorgen Pakete übergab. »Dieses Jahr erschien es mir jedoch angebracht, euch beiden das gleiche zu schenken.«
Sie packten die Geschenke schnell aus.
»Grama, das ist toll. Mein eigenes Nähzeug«, begeisterte sich Susan. »Nun müssen wir uns nicht mehr das von Ma ausleihen!«
»Ausleihen und verlieren«, korrigierte Jennifer. »Das ist großartig. Schau mal, Ma, alles, was wir je zum Nähen brauchen könnten. Danke, Grama!« Sie umarmte ihre Großmutter liebevoll.
Grama hatte sorgfältig Maßbänder, Schneidelineale, Stecknadeln und Nadelkissen mit einem elastischen Band für das Handgelenk, normale Nähnadeln und Quiltnadeln, sogenannte »betweens«, zusammengestellt. Hinzugefügt hatte sie einen Rollschneider mit Ersatzklingen und eine Schneidematte, eine Stoffsche-

re von hoher Qualität und eine billige Schere zum Papierschneiden, einen Nahtauftrenner und kurze Fadenabschnitte, die griffbereit an einem langen Halsband befestigt waren. Grama hatte an alles gedacht.

Die Geschenke trieben Jennifer und Susan sofort an die Arbeit. Sie konnten es kaum erwarten, ihre neuen Nähsachen auszuprobieren. Also beeilten wir uns mit dem Anziehen und dem Frühstück und versammelten uns dann um den Eßtisch. Jennifer und Susan brachten ihre Einkaufstaschen mit dem Stoff herbei. Robbie schlug ihre Einladung, uns Gesellschaft zu leisten, aus und setzte die Kopfhörer seines CD-Spielers auf. Manchmal ist ein Haus voller Frauen sogar für ihn zu überwältigend. Wie er mit seinen Kopfhörern und den sauberen weißen Socken am Kaffeetisch saß, sah er genauso aus, wie Jack als junger Collegestudent ausgesehen hatte; das trieb mir die Tränen in die Augen. Grama sah, wie ich Robbie betrachtete, und lächelte. Sie tätschelte beruhigend meine Hand und sagte: »Weißt du, er ist auch der Sohn seiner Mutter.«

»Heute machen wir uns ernsthaft an die Arbeit«, begann Grama fröhlich und nahm ihren Platz am Kopf des Tisches ein. »Wißt ihr, jemand hat einmal gesagt, daß ein Quilt das Selbstporträt seines Erschaffers ist. Also verleiht eurer Arbeit mit eurer Handschrift das Qualitätssiegel. Der goldene Faden Nummer vier ist: ›Leiste immer Qualitätsarbeit.‹ Vielleicht ist das ja eine schrecklich altmodische Vorstellung. Aber ich möchte sehen, daß ihr euer Bestes tut. Einverstanden?«

»So altmodisch ist das gar nicht, Grama«, erwiderte ich. »Heutzutage kommen Menschen in der Geschäftswelt auf die ›traditionellen‹ Werte wie bessere Qualität und besseren Service zurück. Die Leute haben von minderwertigen Produkten und von schlechter Behandlung durch den sogenannten ›Kundendienst‹ die Nase voll. Kunden, die sagen: ›Ich trage mein Geld woandershin‹, öffnen den Unternehmern zunehmend die Augen und werden endlich ernst genommen. Das trifft die Unternehmer nämlich am Geldbeutel.«

»Zu schade, daß man sie dazu zwingen muß«, klagte Grama. »Ich wünschte mir, sie würden richtig handeln, weil es einfach richtig ist. Aber das können wir sowieso nicht ändern, vermute ich.«

Sie zuckte mit den Schultern und fuhr fort: »Laßt mich jetzt die Stoffe sehen, die ihr für eure Quilts ausgesucht habt!«

Sie untersuchte jeden einzelnen Stoff und sagte schließlich: »Ihr habt eine sehr gute Wahl getroffen. Das sind haltbare Stoffe von guter Qualität. Hat euch eure Mutter beim Aussuchen geholfen? Nein? Dann habt ihr instinktiv das Richtige getan.

Quilten ist eine alte Tradition. Es ist eine Rückkehr in die Zeit, in der das Handwerk und die Handarbeit noch mit Stolz erfüllten. Ihr könntet euch einen billigen, fabrikgefertigten Quilt kaufen. Aber ihr habt euch entschieden, Zeit zu investieren, um einen Quilt selbst zu machen. Ihr wollt gute Arbeit leisten und sichergehen, daß die Arbeit lange hält. Bemüht euch um Qualität.

Wenn ihr vorzügliche Arbeit leistet, ist Qualität das Ergebnis. Qualitätsarbeit währt lange.
Ihr könnt euch immer durch das Leben hindurchlavieren, indem ihr nur die Mindestanforderungen an eure Leistung erfüllt, aber Qualitätsarbeit muß weit höheren Erwartungen entsprechen«, schloß Grama.
»Wie macht man das?« fragte Susan.
»Ich habe herausgefunden, daß es nur einige einfache Regeln zu befolgen gilt, um in allem, was man tut, Qualitätshandwerk zu gewährleisten. Die erste Regel lautet: ›Fang mit den bestmöglichen Materialien an.‹ Ihr habt alle schon einmal den Spruch gehört: ›Aus Schweinsohren kann man kein Seidenportemonnaie machen.‹ Obwohl ich persönlich nicht weiß, warum das jemand versuchen sollte! Im Ernst, Stoff von höchster Qualität, kein billiges Zeug, das auseinanderfällt, führt zu einem qualitätsvollen Endprodukt.«
»Das ergibt Sinn«, nickte Jennifer. »Wie lautet die zweite Regel, Grama?«
»Die zweite Regel lautet: ›Benutze die besten Werkzeuge.‹ Gute Werkzeuge vereinfachen die Arbeit, sie wird exakter, effizienter. Ob es nun darum geht, ein Haus anzustreichen oder ein Meisterwerk mit Wasserfarben zu malen, für jede Tätigkeit gibt es den richtigen Pinsel. Deswegen habe ich euch Nähzeug zu Weihnachten geschenkt – ich wollte sicherstellen, daß ihr beide die besten Werkzeuge zur Anfertigung eurer Quilts habt.«
»Ich schätze, wir hätten wissen sollen, daß es einen

Hintergedanken gab!« sagte Susan lachend und fragte dann: »Gibt es eine dritte Regel?«

»Sicher! Regel Nummer drei lautet: ›Schärfe deine Fähigkeiten.‹ Mit anderen Worten: Sei dir deines Tuns bewußt. Ganz gleich, ob du nähst, Kunden betreust, Mathematik unterrichtest oder Finanzberichte liest: Übe ständig, um deine Fähigkeiten zu verbessern.«

»Übung macht den Meister«, zitierte Jennifer.

»Nein. Meisterhaftes Üben macht den Meister«, korrigierte Grama freundlich. »Wenn du wieder und wieder das Falsche tust, verbesserst du dich bloß im Falschmachen. Tu immer wieder das Richtige. So machst du geschicktes Arbeiten zu einer erfolgversprechenden Gewohnheit.«

»Klingt gut. Regel Nummer vier?« fragte Jennifer.

»Regel Nummer vier lautet: ›Arbeite sorgfältig.‹ Ganz einfach. Nichts Geheimnisvolles. Arbeite sorgfältig. Überlege, und achte auf Details. Beim Quilten sagt man: ›Miß zweimal, schneide einmal.‹ Das heißt, daß du mißt und noch mal mißt, bevor du den Stoff zuschneidest. Sorgfalt verhindert abfallerzeugende Fehler. Und wie, glaubt ihr, könnte Regel fünf lauten?« fragte Grama verschmitzt.

»Gehe noch einmal die Regeln eins, zwei, drei und vier durch!« riefen wir gleichzeitig.

»Meine Güte, ich glaube, ihr habt's kapiert!« Grama lachte glücklich. »Diese Regeln entsprechen meiner gewohnheitsmäßigen Einstellung, nach Anleitung zu arbeiten.«

Dann zeigte Grama Jennifer und Susan, wie man die Stoffstücke mit dem Rollschneider zuschneidet. Einfach erklärt sieht ein Rollschneider aus wie ein Rad zum Pizzaschneiden. Es ist nur sehr, sehr viel schärfer, damit es auch durch dicke Stofflagen dringt. Eine vernünftige neue Erfindung, die das Zuschneiden von Stunden auf Minuten reduziert. Für Quilter, die öfter Hunderte von Stoffstücken zuschneiden müssen, ist der Rollschneider wirklich »das größte seit sauber geteilter Pizza«.

Die Mädchen arbeiteten an gegenüberliegenden Tischseiten, während Grama sprach. Jennifer, die weitaus mehr komplizierte Stücke zu schneiden hatte, suchte nach einer Arbeitserleichterung und entschloß sich, ihren Stoff mehrmals übereinanderzufalten, so daß sie ein Dutzend Stücke auf einmal zuschneiden konnte. Grama ließ sie für ein paar Minuten mit dieser Methode fortfahren und inspizierte dann die Qualität ihrer Arbeit. Wie Grama vermutet hatte, hatten die vielen Lagen eine Verschiebung des Stoffes bewirkt, und viele Stücke entsprachen nicht der von der Schablone vorgegebenen Größe.

»Okay, wir wollen uns einmal einen Augenblick unterhalten«, unterbrach Grama die Arbeit. »Jennifer, warum hast du beschlossen, die Stoffstreifen auf diese Art zu falten?«

»Um mehr Stücke auf einmal zu schneiden. Um effizienter zu sein, wie du uns geraten hast«, verteidigte sie sich.

»Das dachte ich mir, und ich muß dich dafür loben. Der Wille, effizient zu arbeiten, ist eine ausgezeichnete Einstellung. Wir müssen dennoch klären, was Effizienz ist. Die meisten Leute denken, Effizienz hieße einfach, soviel wie möglich in der kürzesten Zeit zu tun. Wir sagen, daß Maschinen effizienter sind und schneller arbeiten, also sind wir dahin gekommen zu denken, daß diese Begriffe gleichbedeutend seien.«

»Ja, aber unglücklicherweise, Grama, verhalten sich viele Arbeitgeber dementsprechend und zwingen Angestellten diese Arbeitsweise auf«, bemerkte Jennifer. »So läuft das heutzutage im Geschäftsleben.«

»Also, das ist aber nicht richtig!« erwiderte Grama entrüstet. »Um Qualitätsarbeit zu leisten und gleichzeitig effizient zu sein, mußt du den Mittelweg zwischen Genauigkeit und Zeitaufwand finden. Wie du bereits herausgefunden hast, Jenny: Je mehr du auf einmal geschnitten hast, desto schneller warst du, aber desto ungenauer wurde jedes Stück. Du mußt noch einmal anfangen und die Stücke nachschneiden. So wird aus der gesparten Zeit verschwendete Zeit. Manchmal ist eine langsamere Gangart im Endeffekt die schnellere.«

Jennifer verzog angesichts dieser Aussicht das Gesicht.

»Wie du siehst, meine Liebe, gibt es keine absolute Effizienz; sie hängt immer von der Zielsetzung ab. Es gibt Zeiten«, fuhr Grama fort, »da ist Genauigkeit nicht so wichtig. Das mußt du je nach Situation unter Berücksichtigung deiner Zielsetzung beurteilen. Manchmal ist es angemessen, einer Sache nur in etwa zu entsprechen, dann ist Genauigkeit nicht von wahnsinniger Bedeutung. Aber in diesem Fall ist Genauigkeit wichtig. Wenn du auch nur einen kleinen Fehler in jedem einzelnen Stoffstück hast, wird sich der Fehler beim Zusammennähen über den Quilt fortsetzen, und du wirst es nie schaffen, die fertigen Teile richtig zusammenzufügen.«

»Also ist Effizienz immer ein Balanceakt zwischen Genauigkeit und Zeitaufwand«, wiederholte Jennifer unglücklich, während sie den kleinen Haufen Teile betrachtete, die sie zugeschnitten hatte.

Ich versuchte sie zu trösten. Ich legte meinen Arm um ihre Schulter und sagte: »Vertraue Grama. Sie weiß Bescheid. Du magst dich jetzt frustriert fühlen, weil du die Arbeit noch mal machen mußt, aber stell dir vor, wie traurig du wärst, wenn du schon alles zusammengenäht und dann herausgefunden hättest, daß es nicht paßt.«

Jennifer seufzte. Sie war nicht glücklich darüber, aber sie fand sich schnell damit ab, einen Schritt zurückzugehen und all die Arbeit, die sie getan hatte, zu korrigieren.

An der gegenüberliegenden Seite des Tisches hatte Susan ihren Kopf unten behalten und ihren Stoff langsam und exakt, Stück für Stück, zugeschnitten. Es sah so aus, als sei sie erleichtert, sozusagen aus der Schußlinie zu sein. Da sie zurückhaltender als ihre ungestüme Schwester ist, hatte Susan oftmals die Gelegenheit, aus den Fehlern, die Jennifer, die Wegbereiterin, machte, zu lernen. Ich bin sicher, daß Susan glaubt, im Schatten ihrer übermächtigen Schwester zu stehen, aber es gab Zeiten, da das ein deutlicher Vorteil war. Manchmal hinterlassen ältere Geschwister in den Gedanken von Lehrern und Freunden Erwartungen und einen Ruf, dem die jüngeren nur schwer entsprechen können. Die Art, wie Susan ihre Individualität ausbaute, war, daß sie zu einem früheren Zeitpunkt durch Klugheit auffiel. Ich erinnere mich, daß ich viele Dinge durch meinen großen Bruder lernte.

»Je mehr du tust, desto ungenauer wird die Arbeit«, wiederholte ich und grübelte, während ich ihnen beim Arbeiten zusah. »Du kannst es auch so auffassen: Je mehr du im Leben tust, je stärker du dich beanspruchst, desto weniger wirst du dich auf eine Sache konzentrieren und darin herausragend sein können. Eine weitere Entscheidung, die du hinsichtlich des Erfolges treffen mußt, Jenny.

Da der Tag immer noch nur vierundzwanzig Stunden hat, kannst du entweder eine Sache einigermaßen gut erledigen oder viele, aber die dann vielleicht nur mangelhaft.«

»Aber Ma«, unterbrach mich Jennifer, »heutzutage befassen sich Frauen mit sehr vielen verschiedenen Dingen zur gleichen Zeit. Schau dir unsere Freundinnen und Nachbarinnen an. Einige von ihnen sind Karrierefrau, Ehefrau, Mutter, Elternratsmitglied, Kirchgängerin, und so weiter. Es gibt heutzutage so viele Sachen zu tun, daß es scheint, als benötigten diese

Tätigkeiten verschiedene Teile unserer Persönlichkeit und als forderten sie unsere gesamte Zeit. Wie soll man sich da nicht eine gewisse Nachlässigkeit an den Tag legen? Wie lautet die Antwort darauf?«

»Es gibt zwei Antworten«, bot Grama an. »Als erstes sollte man sich jeweils auf eine Sache konzentrieren. Widme jeder Sache hundertprozentige Aufmerksamkeit, und hole das Äußerste aus deiner Energie und Zeit heraus. Einfach ausgedrückt: Wenn du spielst, spiele. Wenn du arbeitest, arbeite. Du hast recht, Jenny«, fuhr sie fort. »An Frauen werden viele Anforderungen gestellt. Wenn wir uns mit zu vielen Dingen befassen, besteht die Gefahr unglücklicherweise darin, daß wir mit keiner Erfolg haben könnten. Es ist wichtig zu wissen, wann man nein sagen muß, um Entscheidungen zu unseren Gunsten zu treffen, statt uns von den Umständen und den Terminkalendern anderer Leute Reaktionen und unkontrolliertes Verhalten aufzwingen zu lassen. Versichere dich, daß du deine eigenen Entscheidungen triffst.«

»Und zweitens«, ergänzte ich, »mußt du lernen, bei deinen Tätigkeiten Prioritäten zu setzen und zwischen dem, was wichtig und was dringend ist, zu differenzieren. Dringlichkeit wird uns oftmals von anderer Leute Terminkalender aufgenötigt. Was dringend ist, muß auf lange Sicht nicht wichtig sein. Zum Beispiel wurden viele Menschen durch die Verlockung von Macht und Geld zum Einstieg in die Tretmühle des Geschäftslebens verführt. Film und Fernsehen lassen alles glanzvoll, aufregend und beneidenswert aussehen. Aber für viele Frauen bedeutet es, daß sie dem zusätzlichen Druck ausgesetzt sind, im Geschäft oder im Beruf erfolgreich sein zu müssen, zusätzlich zu allem anderen. Es gibt die Erwartung, daß Frauen gern dazu bereit sind, außerhalb des Hauses zu arbeiten. Viele Frauen fühlen sich deshalb schuldig; sie meinen, daß ihre Rolle als Hausfrau und Mutter nicht gut genug ist oder nicht erfolgreich genug für eine moderne Frau. Ich sage nicht, daß Frauen keine hohen Positionen anstreben sollten. Ich sage nur, daß nicht jeder – ob männlich oder weiblich – die Kraft oder den Wunsch hat, eine hohe leitende Stellung zu erreichen. Und es sollte nicht von jedem erwartet werden, daß er das möchte.

Heutzutage bewerten Menschen ihre Entscheidungen neu. Die Gesellschaft lockt mit dem schönen Schein, alles haben zu können. Viele Menschen haben festgestellt, daß sie dafür einen unakzeptablen hohen Preis zahlen müssen. Sie sehen jetzt, daß ein großer gemeinschaftlicher Erfolg in vielen Fällen auf Kosten des einzelnen und der zwischenmenschlichen Beziehungen geht. Sogar einige Männer haben eingesehen, daß es befriedigender sein kann, aktiv seine Kinder zu erziehen, als über eine leitende Stellung, ein hohes Einkommen oder den goldenen Schlüssel zum Waschraum zu verfügen. Die Arbeit, die wir tun, um zu leben, ist dringende Arbeit, aber notgedrungenerweise, unglücklicherweise sind wir alle entbehrlich und austauschbar. Ich glaube, daß die Arbeit, die wir tun, um unsere Familien aufzu-

bauen, wichtig ist. Sie ist das wahre Vermächtnis, das wir an zukünftige Generationen weitergeben, und der wahre Beitrag, den wir für die Gesellschaft leisten. In meiner Praxis sehe ich viele einsame und gestreßte Führungskräfte, die nach außen hin erfolgreich sind, die sich aber nicht vorstellen können, warum ihr Leben so ein heilloses Durcheinander ist, warum sie von ihren Frauen entfremdet und für ihre Kinder Unbekannte sind.
Viele Menschen sind jetzt bereit, den vermeintlich höher angesiedelten beruflichen Erfolg für eine unsichtbarere und oft weniger einträgliche Rolle in der Gesellschaft aufzugeben, etwa zu Hause Kinder großzuziehen oder eine Wunschkarriere einzuschlagen, auch wenn diese ihnen kein Vermögen einbringt. Alles zu haben ist nicht so toll wie das Beste zu haben«, sagte ich.
Grama setzte abschließend hinzu: »Also sei dir deiner Entscheidungen bewußt. Entscheide, wo und wie du deine Lebens- und Arbeitsenergie freisetzt und wie weit oder wie eng das Feld sein soll, auf das du deine Interessen richtest. Und am wichtigsten: Denke dran, daß deine Entscheidungen die Qualität deines Lebens und deiner Beziehungen – im privaten und beruflichen Bereich – bestimmen werden.« Sie drehte sich um und nickte in Richtung Jennifer. »Noch etwas, was du in Betracht ziehen mußt, wenn du Erfolg für dich definierst und dir Ziele im Leben setzt.«
Ich bemerkte, daß sich Jennifer bei diesen Diskussionen inzwischen weit weniger abwehrend verhielt. Sie schien ruhiger und bereitwilliger zuzuhören.

Die Stoffe waren noch nicht fertig zugeschnitten, als wir mit der Zubereitung des Weihnachtsabendessens beginnen mußten; also stellte Grama Jennifer und Susan die Aufgabe, alle Stücke bis zum Besuch im nächsten Monat zuzuschneiden. Sie zeigte ihnen, wie die Rückseiten der einzelnen Stoffstücke zu markieren waren, damit sie wüßten, wie jedes in den Gesamtentwurf paßte. Wir waren jedoch mit einer Menge gesellschaftlicher Aktivitäten beschäftigt, so daß die Quiltprojekte bis nach den Feiertagen liegenblieben.

Schließlich flog Robbie zu seinem College zurück, und wir fuhren Grama nach Clareville. Wieder auf dem Weg nach Hause, wollte ich im Wagen mit den Mädchen weitere Gedanken über die Arbeit erörtern.

»Was ist der wichtigste Aspekt bei einer Arbeit, einerlei, ob es sich um einen Job oder eine feste Anstellung handelt?« fragte ich.

»Ich weiß nicht, was der wichtigste ist, aber wie Grama bereits sagte«, begann Susan, weil sie dachte, ich wollte Gramas goldenen Faden Nummer vier über die Qualität der Arbeit abfragen, »fang mit den bestmöglichen Materialien an. Benutze die richtigen Werkzeuge. Schärfe deine Fähigkeiten. Arbeite sorgfältig.«

»Das ist gut. Genau so lauten Gramas Regeln. Sie beziehen sich auf das Wie der Arbeit. Ich habe falsch gefragt. Laßt es mich noch einmal versuchen. Was ist Arbeit an sich?«

»Im wissenschaftlichen Sinn wird Arbeit verrichtet,

wenn ein Körper entgegen einer auf ihn einwirkenden Kraft bewegt wird, aber ich glaube nicht, daß du das meinst«, antwortete diesmal Jennifer. »Arbeit ist das, wofür du bezahlt wirst.« Sie zuckte mit den Schultern.

»Mir fällt nichts Gescheites ein, um euch auf die richtige Fährte zu bringen, also möchte ich, daß ihr folgendes bedenkt: Stellt euch vor, daß all die Arbeit, die ihr leistet, letztlich nichts weiter ist als ein Service, den ihr anderen bietet. Ich weiß«, ich hob abwehrend die Hand, »ihr werdet einwenden, daß ihr ein Produkt erzeugt und keinen Service erbringt, wenn ihr etwas herstellt. Dennoch dient das dingliche Produkt wiederum dazu, das Bedürfnis eines Kunden zufriedenzustellen. Also noch einmal: Alles, was ihr tut, ist letztlich eine Serviceleistung. Jennifer, du vollbringst einen Service an den Kunden deiner Bank, indem du ihnen finanzielle Produkte lieferst; es handelt sich dabei um immaterielle Serviceleistungen. Susan, du wirst deinen Kunden, deinen Schülern, einen Service anbieten, indem du ihnen eine Erziehung angedeihen läßt.«

»Einverstanden, das ergibt Sinn«, gab Jennifer zu, »aber worauf willst du hinaus?«

»Wenn ihr diese Auffassung akzeptiert, dann können wir einen wichtigen Punkt klarstellen. Ein Service hat einen Tauschwert, der weltweit gilt. Und Pi mal Daumen stehen im Leben die Belohnungen immer in direktem Verhältnis zu dem Service, den du leistest.«

»Ich hab's. Du meinst also, wenn wir zum Beispiel ganz unabhängig vom Job eine Gehaltserhöhung als Belohnung wollen, dann müssen wir uns sicher sein, daß wir unseren Kunden einen Service, einen guten Service, bieten«, erklärte Susan sich selbst laut. »Mehr Service erzeugt mehr Belohnung.«

»Genau.«

»Ich wette, du möchtest jetzt, daß wir herausfinden, was besserer Kundenservice ist«, kam Jennifer mir zuvor. »Okay, laß mich mal sehen, ob wir es so schmerzlos wie möglich hinter uns bringen können.«

»Ist das Leben denn zur Zeit, da Grama und ich versuchen, euch etwas beizubringen, schmerzhaft?« Ich war beunruhigt.

»Nein, Ma, ich glaube nur, daß Kundenservice eine Sache ist, über die ich bereits Bescheid weiß«, tröstete Jennifer mich.

»Alles, was ich weiß, ist, daß der Kunde immer recht hat«, warf Susan ein.

»Damit hat es mehr auf sich, Su. Bei der Bank haben wir ein Vier-Punkte-Kundendienst-Programm: zuhören, reagieren, zufriedenstellen, bestätigen. Sie bringen jedem Angestellten erst einmal bei, sich dem Kunden gegenüber immer höflich zu verhalten, ganz egal, wie wütend der sein mag. Es gibt keine Entschuldigung für schlechtes Benehmen. Dann hören wir dem Kunden zu, um uns über seine Wünsche klarzuwerden. Danach reagieren wir darauf, und das wiederum freundlich. Wir versuchen, den Kunden immer zufriedenzustellen, oder wir erklären ihm, warum wir das nicht können. Schließlich stellen wir sicher, daß wir jede Verpflichtung dem

Kunden gegenüber einlösen, und wir erkundigen uns danach, ob der Kunde mit unserem Service zufrieden war«, sagte Jennifer.

»Gut«, erwiderte ich, »das hört sich ganz danach an, als benutztest du die Platin-Regel.«

»Meinst du nicht die goldene Regel, Ma?« fragte Susan.

»Nein. Die goldene Regel besagt: ›Behandle andere, wie du selbst behandelt werden möchtest.‹ Das ist gut, es beinhaltet nämlich, daß du niemandem Schaden zufügst. Bedauerlicherweise beinhaltet es aber auch, daß du dein Programm, deine Werte und Erwartungen anderen aufzwingst. Das muß nicht unbedingt das sein, was sie wollen. Ähnlich verhielt es sich, als Tante Sarah dir zu Weihnachten Langlaufski schenkte, wo du doch in Wirklichkeit Abfahrtsski wolltest. Sie wollte, daß du an den gleichen Dingen Spaß hast wie sie. Ich weiß, daß du dich über das Geschenk gefreut hast, aber du hättest lieber etwas anderes gehabt. Sie liebt dich, aber sie hat nicht darauf gehört, was du wolltest.«

»O ja. Ich verstehe, was du meinst, Ma.« Susan nickte.

»Die Platin-Regel lautet: ›Behandle andere, wie sie behandelt werden wollen oder müssen.‹ Das beinhaltet Einfühlungsvermögen für die Besonderheiten anderer, und es verlangt Verständnis.

Deswegen ist die Platin-Regel das perfekte Kundendienst-Motto: ›Höre den Kunden zu. Kümmere dich um sie. Trachte danach, sie zufriedenzustellen.‹«

»Und laß Leute nie am Telefon warten«, warf Susan spielerisch ein.
»Also, stellen wir eine allgemeingültige Aussage in den Raum: Wenn wir bedenken, was Grama über das Erkennen von Qualitätsarbeit gesagt hat, wie würdet ihr dann einen Qualitätsservice beschreiben?« fragte ich.
»Es müßte die Mindestanforderungen in bezug auf Leistung und Erwartung überschreiten«, antwortete Jennifer.
»Richtig. Klingt das plausibel?« fragte ich.
»Ja, das tut es«, sagte sie nickend.
»Gut«, lobte ich. »Das einzige, was wir vergessen haben, ist, die Identität des Kunden zu bestimmen. In diesem erweiterten Servicemodell könnte er die Person sein, die in die Bank kommt, um eine Überweisung zu tätigen. Andererseits könnte dein Kunde auch dein Boß sein, der hohe Erwartungen an deine Ausübung des Jobs knüpft. Oder in einer Beziehung, da ist dein Partner der Kunde, jemand, dem du mit Liebe und Verständnis einen Dienst erweist. In diesem Modell kann fast jeder auf irgendeine Art und Weise dein Kunde sein.«
»Das ist eine interessante Vorstellung«, befand Jennifer.
»Stimmt. Und indem du also in deinen Kunden nicht nur eine bestimmte Anzahl besonderer Menschen siehst, sondern jeden als Kunden erachtest, machst du dir eine neue Einstellung zur Gewohnheit, deren Merkmal der Wunsch ist, jedem eine Serviceleistung angedeihen zu lassen. Das heißt nach der Platin-Regel leben«, faßte

ich zusammen. »Und da die Belohnung in direktem Verhältnis zum Service steht, wird sie und unsere Zufriedenheit um so größer ausfallen, je mehr Menschen wir unseren Service zugute kommen lassen oder je mehr Service wir erbringen.«

»Einen Augenblick mal«, protestierte Jennifer. »Ich stimme der Platin-Regel dahin gehend zu, wie man andere Menschen behandeln soll. Aber mir gefällt die Idee, jedem ›dienen‹ zu müssen, ganz und gar nicht. Frauen sind jahrhundertelang dazu gezwungen worden, eine unterwürfige Stellung in der Gesellschaft einzunehmen! Ma, ich bin über dich erstaunt! Diese Geisteshaltung zeugt nicht gerade von Solidarität für die Frauen!«

»Ja, Ma!« Susan bereitete sich darauf vor, der Sache Nachdruck zu verleihen.

Ich hätte das kommen sehen müssen. »Einen Moment, bitte! Verwechselt Service doch nicht mit Unterwürfigkeit! Das sind zwei verschiedene Dinge. Unterwürfigkeit beinhaltet Schwäche und daß du dich selbst niedriger einstufst als jemand anderen. Service hingegen bedeutet, daß du jemand anderen, jeden anderen, damit ehrst, deinesgleichen zu sein. Der Service ist die Hommage an eine Geisteshaltung, die uns allen zu eigen ist. Es geht alles auf deine Wahl zurück – wenn du dich entscheidest, Service zu leisten, wirst du nicht in eine unterwürfige Position gezwungen. Es gibt keine niedrigen Arbeiten, außer wir lassen die Überzeugung zu, daß das, was wir tun, keinen Wert hat. Einen Service zu erbringen ist keine Schwäche. Tatsächlich ist ein wahrlich starker und gesunder Charakter vonnöten, um zuerst anderen dienen zu wollen, bevor man sich selbst bedient. Manchmal ist ein Heiliger dazu nötig. Eigentlich macht gerade das bisweilen einen Heiligen aus! Es ist sehr schwer, andere uneigennützig dem eigenen Ich gleichzustellen, deswegen ist die Belohnung dann um so größer.«

»Okay, ich sehe ja ein, was du meinst«, lenkte Jennifer ein.

»Es ist doch so, du weißt ganz genau, daß ich mit der Frauenbewegung einverstanden bin, wenn es um faire und gleiche Bezahlung und so weiter geht. Und ich behaupte auch nicht, daß Frauen gegenüber keine Ungerechtigkeiten begangen worden sind; aber vielleicht müssen wir jetzt erwägen, das Leben auf eine andere Weise zu betrachten. Ich glaube, es ist an der Zeit, daß Frauen aufhören, unsere serviceorientierte Rolle in der Sozialgeschichte als etwas absolut Negatives anzusehen. Die Fähigkeiten und Qualitäten, die Frauen von Natur aus besitzen und zu deren Einsatz und Verbesserung sie im Bereich der zwischenmenschlichen Beziehungen – etwa in der Kindererziehung und in sozialen Berufen – ermutigt wurden, sind jene, die alle Menschen brauchen werden, um im nächsten Jahrhundert erfolgreich zu sein. Man könnte sagen, daß das eine im positiven Sinne revisionistische Geschichtsauffassung ist, aber ich glaube eher, es ist ein optimistischer Weg – der Entschluß, das Wasserglas halb voll zu sehen.

Die Dinge haben sich verändert. Schau in deine betriebswirtschaftlichen Fachbücher, Jenny. Die ökonomische Modellvorstellung tendiert zu einem weltumspannenden Dienstleistungsmodell. Guter Service verlangt nach den besten interpersonellen Kommunikationsfähigkeiten. Es wird von Unternehmen, ihren Führungskräften und Angestellten erwartet, daß sie diese Voraussetzung erfüllen. Frauen wurden früher im Geschäftsleben kritisiert, weil sie zu menschenorientiert seien. Jetzt verlangt das neue Modell eine menschenorientierte Einstellung. Wir erfüllen die notwendigen Voraussetzungen. Es wird Zeit, das in klingende Münze umzusetzen.

Erwartet nicht, daß allzu viele Männer diese Tatsache akzeptieren, aber ihr Modell zukünftigen wirtschaftlichen Erfolges ist das weibliche Modell menschlicher Dynamik. Sogar in ökologischer Hinsicht haben wir herausgefunden, daß wir kooperativ zusammenarbeiten müssen, mit der Natur und miteinander, um zu überleben. Es ist kein Wunder, daß der Feminismus und die Umweltschutzbewegung gleichzeitig in Erscheinung getreten sind. Beide haben in der menschlichen Gesellschaft entscheidend an Gewicht gewonnen. Es ist eine Welle, die nicht zurückgedrängt werden kann. Männer lernen ihre Lektionen, ob sie es wissen oder nicht, von den Frauen in ihrem Leben und von den weiblichen Stimmen in der Gesellschaft. Ja, es gibt noch einige Dinosaurier, und einige davon in mächtigen Positionen, aber die meisten Männer haben sich in weniger bedrohliche Exemplare verwandelt.«

»Ja, in Reptilien«, entgegnete Jennifer listig.
Ich ignorierte ihren Witz und fuhr fort. »Männer wissen, daß sie von Frauen lernen müssen. Es wird Zeit, daß wir aufhören, auf die Männer einzudreschen, und die Gelegenheit wahrnehmen, sie zu lehren, die Zukunft zu gestalten, und ihnen dabei zu helfen. Die Zeit ist reif, von der alten Vorstellung, in der die Frauen als Opfer gesehen werden, abzurücken und sich einer neuen Vision zuzuwenden, in der die Frauen als Partner anerkannt sind.
Soweit meine Ansprache an das Volk. Ich glaube, das sind wichtige Gedanken. Also habt ein wenig Geduld, Mädchen. Ich kann euch einige Beispiele dafür aufzeigen, daß sich die Zeiten geändert haben: In Unternehmen beobachten wir immer weniger diese hierarchischen Strukturen wie beim Militär, mit einem Typen an der Spitze einer Pyramide von ewigen Untertanen, die keine Macht haben, Entscheidungen zu treffen und die deswegen auch keine Verantwortung für ihre Jobs übernehmen. Heutzutage erleben wir Organisationen, in denen die Menschen im Team arbeiten.«
»Ja, bei der Bank ist das so«, sagte Jennifer.
»So ziemlich das Gegenteil von der alten ›Von-oben-nach-unten-Regel‹. Wir sind vom Modell der Führungskontrolle, in dem Angestellte nur gesagt kriegen, was zu tun ist, abgerückt und bevorzugen jetzt ein Modell der persönlichen Verantwortung, wo jeder ermutigt wird, für seine Arbeit Verantwortung zu übernehmen. Dieses System hat sich als produktiver erwiesen, weil die Men-

schen sich besser fühlen und motivierter sind, wenn sie Verantwortung tragen und Kontrolle über ihren Job haben. Intelligente Unternehmer fördern und unterstützen jetzt individuelle Arbeit von Männern und Frauen und zeigen mehr Mitgefühl für Familienangelegenheiten. Das Management weiß, daß es Loyalität erntet, wenn es Anerkennung für die Beiträge und Bedürfnisse des einzelnen sät. Spitzenführungskräfte lernen in Seminaren, von ihrer holistischen rechten Gehirnhälfte aus zu lenken und ihren intuitiven Gefühlen ›aus dem Bauch‹ zu folgen – angeblich eine weibliche Eigenschaft.

In Wirtschaftsseminaren werden statt Wettbewerbs- jetzt Kooperations- oder sogenannte Gewinn-Gewinn-Strategien gelehrt. Schaut euch doch mal die Geschäftssprache an. Jahrelang haben Männer Begriffe aus dem Sport oder der Kriegsführung als Metapher benutzt, um die Geschäftswelt zu beschreiben. Seht euch all diese ›Kumpel‹-Filme an, in denen das Spielen von Football oder Baseball dazu dient, den Männern etwas über das Spiel des Lebens beizubringen. Das ist bestenfalls eine gemischte Metapher, die die positiven Seiten von Loyalität und Teamgeist lehrt, aber auch die negativen der Wettbewerbs- und Gewinnermentalität: Stampft die anderen in den Boden. Nun, zumindest das ändert sich zugunsten neutralerer Begriffe – aus den Künsten zum Beispiel: Leute, die hervorstechen, nennt man inzwischen Spitzenakteure oder Stars, und ein Manager orchestriert eine Abteilung. Arbeit wird nun häufig als ein kreatives Unterfangen beschrieben.

In der Medizin wandelt sich das Bild des alles kontrollierenden männlichen Arztes, das noch aus dem siebzehnten Jahrhundert stammt. Man kehrt zurück zum ganzheitlichen Selbstheilungsmodell, bei dem Körper und Seele des Patienten am Genesungsprozeß mitwirken. Je mehr wir über Körper und Geist lernen, desto mehr lernen wir, ihn in Ruhe zu lassen und auf seine Fähigkeit zu vertrauen, sich selbst zu heilen. Ein gesundes Selbst heilt sich selbst. Wir haben sogar die falsche und stereotype Auffassung über Hexen revidiert, als uns klar wurde, daß sie wahrscheinlich nur weise, naturverbundene Heilerinnen und Schamanen waren.

In meinem eigenen Bereich, der Psychologie, erlebe ich ständig Männer, die darum kämpfen, ihre verlorenen Gefühle der Menschlichkeit, Intimität und Verbundenheit zurückzugewinnen. Eine Seite von sich selbst, die sie dem Macho-Modell untergeordnet haben. Frauen war es immer erlaubt, die gesamte Palette der Gefühle zu zeigen – die Freude und die Trauer. Wir haben die Verbundenheit, die uns den Menschen, die wir lieben, näherbringt, genossen.

Es wird Zeit, unsere Sozialgeschichte einer neuen Prüfung zu unterziehen, um zu sehen, wieviel Positives wir daraus gewonnen haben, statt immer nur auf dem Negativen herumzureiten. Deswegen erscheint es mir verrückt, wenn Frauen jetzt das Spiel so spielen wollen, wie Männer es in der Vergangenheit gespielt haben – mit selbstsüchtigem Wettbewerbsdenken und herzloser Aggressivität –, angeblich, um zum Erfolg zu kommen. Viele Männer sind schon von selbst von dem Erfolg-um-jeden-Preis-Modell abgerückt. Frauen müssen nicht aufhören, Frauen zu sein, um erfolgreich zu sein. Innerhalb dieses neuen Modells können Frauen erfolgreich sein, und sie werden spektakulär erfolgreich sein.«

»Okay, Ma, halt mal bitte die Luft an!« sagte Jennifer lachend und fügte dann ernsthafter hinzu: »So habe ich es noch nie betrachtet. Vielleicht macht das ja Sinn.« Sie war bereit, das zu erwägen. »Service ist unser aller Ziel, für Männer wie für Frauen, und Service verlangt von uns, mit den Menschen in Verbindung zu treten.«

»Stimmt. Es tut mir leid, wenn ich dieses Thema so nachdrücklich behandle, aber Arbeit oder Service nehmen mehr Zeit und Energie in eurem Leben in Anspruch als jede andere Tätigkeit. Psychologisch gesehen ist Arbeit eng mit unserem Selbstkonzept verwoben. Wie Freud schon sagte, sind ›Arbeit und Liebe die allerbeste Therapie‹. Arbeit läßt uns mit dem, was wir sind, und mit dem, wie wir unser Selbst ausdrücken, in Verbindung treten. Über sie erfahren wir den größten Teil der Bestätigung, Akzeptanz und Anerkennung durch andere. Deswegen ist es entscheidend, eine Arbeit zu leisten, bei der ihr euch gut fühlt.«

»Mit anderen Worten: Arbeit, die mit den eigenen Werten übereinstimmt, richtig?« bestätigte Susan.

»Das ist richtig. Ich möchte noch auf eine Sache eingehen, bevor wir das Thema endgültig beenden. Verpflichtungen einzugehen ist der goldene Faden Nummer eins, und das ist ein Wert, der deinem Charakter Vertrauenswürdigkeit verleiht. Die Zielsetzung ist der goldene Faden Nummer zwei, und er verleiht dir Initiative. Planung ist der goldene Faden Nummer drei. Er verankert den Wert der Selbstdisziplin in deinem Charakter. Welchen Wert verleiht der goldene Faden Nummer vier, die Qualitätsarbeit, deinem Charakter?« fragte ich.

»Stolz?« riet Susan.

»Ja, Stolz ist ein Teil davon«, antwortete ich.

»Ich weiß«, sagte Jennifer. »Selbstrespekt. Nein, Selbstachtung.«

»Richtig. Wertarbeit zu leisten fördert die Selbstachtung, und eine höhere Selbstachtung läßt dich Qualitätsarbeit leisten. Immer weiter im Kreis. Ist es nicht toll, wie Gramas goldene Fäden sich zu einem vollendeten Stoff des Lebens zusammenfügen?« Ich lächelte. »Man sollte denken, daß das Teil eines meisterhaften Planes ist.«

»Mutter!« riefen da die Mädchen gleichzeitig in gespielter Verzweiflung, und wir lenkten das Gespräch auf andere Themen.

Ein meisterhafter Plan, in der Tat. Wenn sich der Patchworkquilt des Lebens nur immer so einfach zusammenfügen würde.

Goldener Faden Nr. 4
Leiste immer Qualitätsarbeit

Hobbes, der verflixte Kater!

Nur in der Fernsehwerbung schlafen Leute selig lächelnd mit geordnetem Haar und erwachen, angeregt durch den Geruch frisch gebrauten Kaffees, den ihre perfekt lächelnden Nachkommen fröhlich und liebevoll zubereitet haben. An diesem Morgen erwachte ich angeregt durch das Geräusch, das Jennifers Schreie verursachten. O nein! Stand das Haus in Flammen? Nicht ganz, nicht das Haus, bloß Jennifer. Sie kochte innerlich.

»Du hast die Tür zum Nähzimmer offenstehen lassen, du dumme Kuh!« brüllte sie Susan an, während ich in meine Hausschuhe schlüpfte.

»Hab ich nicht!« erscholl es verschlafen zurück.

»Sieh dir bloß dieses Durcheinander an! Sieh mal, was du getan hast! Dieser verflixte Kater! Es ist alles deine Schuld! Sieh dir bloß dieses schreckliche Durcheinander an!«

Ich mußte eingreifen. Ich befürchtete, meiner Schreibmaschine könnten die Ausrufezeichen ausgehen, sollte

die Lautstärke eine noch höhere Dezibelmarke erreichen. Als ich in den Flur stolperte, stand Susan in der Tür zum Nähzimmer und schaute auf Jennifer und ein Chaos aus Stoffteilen. Sie waren überall verstreut. Die Spur der Teile führte bis auf den Flur und weiter, wer weiß, wohin. Das war unmißverständlich das Werk flinker Pfoten. Während wir friedlich und unschuldig schliefen, hatte Hobbes, unser Kater, der nachts herumzustreunen pflegt, die Gelegenheit beim Schopf ergriffen und Dutzende, am Nachmittag vorher sauber übereinandergestapelte Quiltstücke umgeschichtet und eine wahre Kat(z)astrophe veranstaltet.
Der Anblick meiner beiden wutentbrannten Töchter, die im Pyjama mitten in der Ruinenlandschaft standen, erschien mir plötzlich rührend und komisch zugleich, und ich fing an zu lachen. Doch ich erreichte damit nur das Gegenteil von dem, was ich erhofft hatte. Anstatt die Situation zu entschärfen, fachte ich durch meine Heiterkeit das Feuer nur noch mehr an.
»Das ist alles deine Schuld!« brüllte Jennifer erneut Susan an. Meine Tochter brüllte? Bevor ich die Chance hatte, ein versöhnendes »Aber, aber« anzubringen, brach Susan in Tränen aus.
»Es ist nicht meine Schuld«, schluchzte sie und rannte zurück in ihr Zimmer. »Immer gibst du mir die Schuld. Ich hasse dich!«
Peng!
»Ist es ja doch! Du hältst dich für so perfekt. Du hast gestern abend genäht!« schrie Jennifer gegen die ge-

schlossene Tür an und stapfte dann in ihr Zimmer. »Ich bin die Ältere, ich habe dich zuerst gehaßt!«
Peng!
Ich hatte Schluckauf vom Lachen. »O meine Liebe«, japste ich im Angesicht des Chaos, »du hast dich als Mutter nicht gerade von der besten Seite gezeigt.«
In diesem Augenblick stolzierte Hobbes, ganz aufgestörte Neugier, zu mir und setzte sich völlig unbeeindruckt.
»Miau?« maunzte er entspannt.
»O Hobbes, das hast du fein hingekriegt, Kerlchen«, antwortete ich.
Was »hingekriegt«? Er schaute sich um und blinzelte. Seiner Meinung nach war nichts fehl am Platz. Außer diesem Fetzchen Stoff vielleicht. Er tapste mit seiner Pfote auf ein Stoffteil, drehte es geschickt um und sah mich an.
»Genau!« stimmte ich ihm zu und kraulte seine Ohren. »Laß uns mit Pfannkuchen frühstücken.«
Zwei Tage lang lag alles unverändert verstreut herum, da die Mädchen beharrlich die Teile auf dem Boden ignorierten. Hobbes arrangierte natürlich mit größtem Selbstverständnis einige Stücke um. Schließlich erreichten wir den Punkt, an dem wir alle wußten, daß Handeln unausweichlich war. Und so klebte ich eines Morgens in bester konfuzianischer Manier einen Zettel an die Kühlschranktür, auf dem zu lesen stand: »Hindernisse entwickeln den Charakter nicht, sie verraten ihn nur.«

Als ich von der Arbeit zurückkehrte, hatte jemand sämtliche Stücke aufgehoben und sie im Nähzimmer auf einen Haufen geworfen. In jener Nacht bemerkte ich Licht unter dem Türspalt zum Nähzimmer und fand am nächsten Tag heraus, daß wiederum jemand die Stücke nach den Farben der beiden verschiedenen Quiltprojekte sortiert hatte. Also tat ich meinen Teil, indem ich die zerknitterten, ramponierten und angekauten Stoffstücke bügelte. Wir besserten uns langsam.

Im Wagen war es heute noch ziemlich still, und dann gab es noch einmal dicke Luft, als Grama berichtet wurde, was geschehen war.
Die Mädchen fielen wieder in das alte Muster zurück, sich wie verfeindete Konkurrentinnen aufzuführen. Jede handelte im Einklang mit dem schlimmsten Teil ihrer selbst. Ungestüm wie immer, hatte Jennifer Gramas Anweisungen nicht befolgt und die Rückseiten ihrer Stoffstücke nicht markiert, also schien die Aufgabe des Zusammenfügens unüberwindlich. Frustration gipfelt bei ihr immer in Wut und Sturheit. Sie würde nicht mehr weiterarbeiten – alles könne in den Müll wandern! Zusammen mit dem Kater.
Die stets penible Susan dagegen hatte die Anweisungen befolgt, jedes Stück sorgfältig markiert und schaffte es schnell, ihre Arbeit neu zu organisieren. Immer noch gekränkt und in Abwehrhaltung aufgrund von Jennifers Wut, hüllte sie sich in überlegene Selbstgefälligkeit. Und so saßen wir nun da.

Wenn die Mädchen von Grama Mitleid erwarteten, dann hatten sie sich getäuscht.
»Da jedes Ärgernis eine Gelegenheit bietet, etwas zu lernen«, begann Grama, »schätze ich, daß sich auch hinter diesem eine tiefe Wahrheit verbirgt. Wie sähe die wohl aus, Mädchen?«
»Ich hätte die Tür nicht offenlassen sollen«, gab Susan schließlich zu.
»Das ist nun mal geschehen, Liebes. Doch was lernen wir daraus?«
»Vorsichtiger zu sein«, schlug Susan vor.
»Ein guter Rat, aber das meine ich nicht«, erwiderte Grama.
»Markiere deine Stoffstücke«, seufzte Jennifer matt, ihr Versäumnis eingestehend.
»Noch ein Ratschlag. Aber worin besteht die verborgene Wahrheit?«
»Daß uns diese Dinge gesandt wurden, um uns zu prüfen?« versuchte es Jennifer noch einmal.
»Was für Dinge? Gesandt von wem?« fragte Grama achselzuckend.
»Okay, es war nicht die Schuld der Katze.« Jennifer schlug resigniert eine andere Richtung ein.
»Schon besser«, ermutigte Grama.
»In Ordnung, es war nicht Susans Schuld.« Wieder Jennifer.
»Das ist das gleiche, wie die Katze nicht zu beschuldigen«, hob Grama hervor.
»Es ist unsere eigene Schuld«, platzte Susan heraus.

»Das ist immer noch so, als wollte man irgend jemanden beschuldigen, nicht wahr?« fragte Grama.

»Aber es war mein Fehler. Ich bin dafür verantwortlich!« sagte Susan verzweifelt.

»Nein! Und ja! Nein, du bist nicht schuldig. Ja, du bist verantwortlich. Punkt. Du bist ver-antwort-lich. Das Leben ist voller unvorhersehbarer Ereignisse. Dinge geschehen. Und du bist imstande, darauf zu antworten. Tiere reagieren instinktmäßig. Ein Stimulus oder Reiz setzt bei ihnen einen bestimmten Prozeß in Gang; sie sind in ihrem Hirn vorprogrammiert, und das lenkt und beschränkt sie. Menschen sind jedoch in der Hinsicht einzigartig, daß zwischen dem Stimulus und der Reaktion oder dem Ereignis und der Reaktion die Möglichkeit einer ver-antwort-lichen Entscheidung besteht. Du kannst deine Antwort oder Reaktion auf einen Stimulus oder ein Ereignis selbst bestimmen«, erklärte Grama.

»Ver-antwort-lichkeit ist euer fünfter goldener Faden zum Erfolg im Leben. Eure Fähigkeit und eure Bereitschaft, Verantwortung zu übernehmen, ist das Maß für die Reife eures Charakters.

Sich rechtfertigen zu wollen, indem ihr andere oder, schlimmer noch, euch selbst beschuldigt, ist unreif und resignativ. Ihr werdet es im Leben nicht weit bringen, wenn ihr ständig darauf aus seid, alles, was euch zustößt, euch sebst oder äußeren Faktoren zuzuschreiben. Rechtfertigungen und Beschuldigungen halten euch in der Vergangenheit zurück. Ihr bleibt in der ewigen Wehmir-Geschichte hängen. Verantwortung anzunehmen bedeutet, nicht länger in zerstörerischem Selbstmitleid zu baden, und das öffnet die Tür zur Zukunft, zum Lernen, zur Verbesserung und zum Vorwärtsschreiten im Leben.

Verantwortlich sein heißt, das Kommando zu übernehmen. Und wenn ihr das Kommando habt, dann trefft ihr die Entscheidungen in eurem Leben, anstatt euch vom Wind des Zufalls wegblasen zu lassen. Sobald ihr euch sagt: ›Ich bin verantwortlich‹, könnt ihr eine Wahl treffen, die größte Freiheit, die ihr haben könnt. Die unglücklichsten Menschen, die ich kennengelernt habe, waren die, die glaubten, im Leben keine Wahlmöglichkeiten zu haben. Man hat immer die Wahl. Es kann manchmal unbequem sein und so aussehen, als hättet ihr die Wahl zwischen ›einem Stein und einem harten Sitzplatz‹, aber ihr habt die Wahl. Als euer Großvater mich verließ und ich fünf Kinder großzuziehen hatte, hätte ich von Sozialhilfe leben oder arbeiten gehen oder die Kinder in Pflege geben können. Keines war eine Ideallösung, aber ich hatte die Wahl, also ging ich arbeiten. Zu jener Zeit war das etwas, das bei den meisten Leuten nicht gut angesehen war, aber so konnte ich meine Familie zusammenhalten und meine Würde bewahren. Es lag in meiner Verantwortung und war meine Entscheidung. Sogar wenn ihr begrenzte Wahlmöglichkeiten habt, bedeutet die Möglichkeit der Wahl Unabhängigkeit. Warum solltet ihr das aufgeben?

Wenn ihr bereitwillig Verantwortung übernehmt, wird

euer Denken klarer, eure Entscheidungen werden besser und die Lösungen für jedes Problem werden kreativer sein, weil ihr euch nicht in diesen unnötigen und negativen Schuldgefühlen und Rechtfertigungen verhedert. Je größer die Verantwortung ist, die ihr zu übernehmen bereit seid, desto größer werden die Chancen sein, die sich euch bieten. Wenn ihr nämlich für das Ergebnis die Verantwortung übernehmt, dann seid ihr auch in der Lage, Gelegenheiten als solche zu erkennen, und ihr werdet keine Angst haben, dementsprechend zu handeln«, schloß Grama.

Ich glaube, Jennifer und Susan waren überrascht. Sie hatten von ihrer knuddeligen alten Großmutter Mitgefühl erwartet, aber Grama würde ihnen offensichtlich weder ihr Selbstmitleid durchgehen lassen noch Hobbes als Entschuldigung für vorzeitiges Aufgeben akzeptieren. Sie beendete diesen Teil unseres Besuches, den »Quilting-Meisterkurs«, und schickte die Mädchen mit einer kräftigen Ermutigung und der Erinnerung an den fünften goldenen Faden, den der persönlichen Verantwortung, nach Hause. Sie war überzeugt, daß sich alles zum Besten wenden werde.

Bevor wir gingen, zeigte uns Grama noch die Stücke für die Oberseite des Quilts, an dem sie dieses Jahr arbeitet. Es handelt sich um eine Variation des »Herz-und-Rosen«-Musters, eines meiner Lieblingsdesigns. Komplexer als die Quilts der Mädchen, würde jedes von Gramas Stücken, die Blocks, appliziert und zusätzlich noch bestickt sein. Eine langwierige Arbeit für

alte Finger, aber sie liebte offensichtlich die Herausforderung.
Es versetzte mir einen kleinen Stich, als ich zwischen all den zugeschnittenen Stoffstücken einige Herzen bemerkte, die aus Jacks altem Hemd stammten. Ich seufzte und ließ die Erinnerung verebben. Ich dachte bei mir: »Vergiß nicht, alles ist Teil der Gezeiten des Lebens. Alles steht uns vorübergehend zur Verfügung, so wie auch wir bloß vorübergehend hier sind.« Ich war wirklich dankbar, daß einige Stücke aus Jacks Hemd jemand anderem irgendwo von Nutzen sein und Behaglichkeit spenden würden, nachdem dieses Hemd in glücklichen und dann in traurigen Zeiten getragen worden war. An Gramas Altersweisheiten teilzuhaben gibt mir immer ein Gefühl des Friedens und der Zugehörigkeit. Ich beobachte, wie sie den Mädchen etwas über das Leben beibringt, und wenn ich sehe, wie diese mit freudiger Zuneigung darauf eingehen, werde ich daran erinnert, wieviel Glück wir alle haben.
Dies hier sind besondere Augenblicke, und jeden Monat verabschiede ich mich nur widerwillig.

Susan war also so weit, daß sie die Oberseite ihres Quilts zusammennähen konnte. Zuerst würde sie jeden einzelnen 12-Zoll-Block zusammensetzen, dann die Ränder säumen und schließlich alle Blocks zu einer kompletten Quiltoberseite zusammenfügen. Für eine Weile drohten ihr keine emotionalen Turbulenzen. Für eine Weile.

Jennifer dagegen standen schwerere Zeiten bevor. Viele neue Informationen fochten ihre bestehenden Ansichten an. Sie mußte ihren Standpunkt und ihre Handlungsweise neu einschätzen und überdenken. Wie konnte sie Flexibilität beweisen und mit einer geistreichen Lösung aufwarten, ohne ihr Ziel aus den Augen zu verlieren? Grama hatte ihr vorgeschlagen, das Muster zu vereinfachen und einige der Unmengen von kniffligen Fetzchen durch größere Einzelstücke zu ersetzen. Die Aufmerksamkeit auf das Wesentliche zu lenken würde helfen, etwas Eigenes und Einmaliges zu schaffen. Die Zeit würde ihr die Richtung vorgeben.

Während wir an diesem Nachmittag die Erlebnisse des Tages noch einmal durchgingen, saß Hobbes glücklich schnurrend auf meinem Schoß. »Ein Prophet gilt nichts im eigenen Land«, heißt es. Hätte ich das Gespräch auf die Verantwortung gebracht, hätten die Mädchen es einfach als Muttergerede abgetan. Ich erinnere mich, das gleiche bei meiner Mutter getan zu haben.

Wie kommt es, daß alle Mütter das gleiche sagen und alle Kinder nicht hinhören? Ich glaube, weil alle Mütter wie Besserwisser klingen. Ich weiß, daß meine Mutter so klang, bis zu dem Zeitpunkt, an dem ich selbst Kinder hatte und anfing, ebenso besserwisserisch zu klingen. Es fällt schwer, Ratschläge von den Eltern anzunehmen, weil man als junger und energiegeladener Mensch nicht die nötige Geduld aufbringt, sich Altersweisheiten anzuhören. Wenn man dann selbst ein älte-

rer und erfahrener Elternteil ist, fehlt einem die Weisheit, mit ruhiger Geduld zu lenken. Deshalb sind Großmütter so wichtig in unserem Leben. Wir hören ihren Erfahrungen und Ratschlägen aufmerksam zu.
Da die Weisheiten von Grama stammten, von Generation zu Generation überlieferte Erfahrung, wußte ich, daß die Mädchen ernsthaft darüber nachdenken würden.
Die Saat ist gelegt. Man weiß nie, ob sie aufgehen und zur Reife kommen wird.

Goldener Faden Nr. 5
Übernimm Verantwortung und sei ver-antwort-lich

FEBRUAR

Nähen und Trennen

Alles war verdächtig ruhig an der Heimatfront in diesem Monat. Jennifer hatte anscheinend fürs erste ihren Quilt aufgegeben, und Susan war durch ihre Schularbeiten eingespannt. Ich hatte jedoch den Verdacht, daß sie spät in der Nacht hinter verschlossenen Türen in aller Stille nähte. Dieses eine Mal mischte ich mich nicht ein. Außerdem wußte ich, daß der bevorstehende Besuch bei Grama als Stichtag bei meinen Töchtern einige Quiltaktivitäten zu verursachen pflegte: die Tilgung der Quiltschuld. Wenn sie eine Selbsthilfegruppe bilden sollten, könnte man sie die »Schuldige-Quilt-Gilde« nennen. Aber Schluß damit.

Im Wagen auf dem Weg zu Grama kündigte Jennifer an, sie hätte eine großartige Idee. Ich war gespannt.

»Grama sagte doch, man müsse flexibel sein, stimmt's? Und daß man fähig sein sollte, auf allerlei Zeug zu reagieren, richtig?«

Hier sollte mir etwas untergejubelt werden, und das machte mich skeptisch.

»Nun, ich habe eine grandiose Idee. Ich kann die gesamten Quiltstücke nehmen und sie einfach zufällig zusammennähen, zu so einem ›Verrückten Quilt‹, verstehst du? Dadurch würde ein großes Stück Stoff entstehen, oder? Daraus schneidere ich dann eine neue Jacke. Alles, was ich tun müßte, ist, etwas Futterstoff zu kaufen und ein paar Knöpfe, und schon hätte ich ein tolles Teil, das total einzigartig und ganz mein Ding wäre. Viel praktischer. Ich könnte sie viel besser nutzen. Super Idee, oder nicht?«

»Ohhh, igittigitt!« äußerte sich Susan.

»Schsch«, machte ich, und sie verstummte.

Mir lag auf der Zunge, Jennifer zu antworten: Das ist der dümmste und haarsträubendste Einfall, den du je gehabt hast, aber ich hielt mich zurück.

»Ich bin erstaunt«, erwiderte ich ausweichend. »Laß mich nachdenken.« Es gibt Zeiten, da muß man einfach ein Machtwort sprechen. Aber nicht jetzt, ich saß schließlich am Steuer.

»Was, glaubst du, wird Grama davon halten?« fragte ich statt dessen.

»Nun ...«, zögerte sie, denn sie wußte ganz genau, was Grama davon halten und dazu sagen würde.

»Genau«, bemerkte ich. Jennifer seufzte, und ich fuhr fort: »Es gibt einen großen Unterschied zwischen einer Kurskorrektur und einem totalen Schiffbruch. Es ist wichtig, daß man sich anpassen und beim Vorankommen feinfühlig auf sich verändernde Umstände reagieren kann – solange du immer noch das gleiche Ziel

ansteuerst. Aufzugeben, sobald Schwierigkeiten auftauchen, bringt dich nicht weiter.
Es scheint fast so, als ließest du zu, daß dieser erste Rückschlag dich aufhält. Du mußt versuchen, dieses Desaster nüchtern und sachlich zu sehen. Weißt du, eines Tages, wenn du dir voller Stolz deinen fertigen Quilt anschaust, dann wirst du erkennen, daß diese Katz-astrophe Geschichte ist, und du wirst sie als kleine Ungelegenheit auf dem Weg zum Ziel ansehen.
Erinnerst du dich noch an dein gebrochenes Bein? Zuerst war es schmerzhaft und sehr ärgerlich. Nach einer Weile jedoch warst du trotz des dicken Gipsverbandes wieder in der Lage, herumzulaufen und Sachen zu erledigen. Schließlich war es wirklich nur eine Ungelegenheit. Mit der Zeit können wir solche Ereignisse aus einer anderen Perspektive betrachten. Der Trick besteht darin, nicht auf die Zukunft zu warten, um deine Sicht der Dinge zurechtzurücken. Du kannst dich doch gleich jetzt für diese objektivere und philosophischere Ansicht entscheiden, oder?«
»Ich glaube schon«, lenkte sie ein. »Ich habe nur versucht, den einfachsten Ausweg zu suchen, stimmt's?«
»Mh-hmh«, mußte ich zugeben.
Sie war für einige Minuten still und sagte dann: »Grama hatte recht, weißt du, mit der Übernahme von Verantwortung. Es war ganz schön schmerzhaft, aber als ich über diesen vergangenen Monat nachdachte, wurde mir bewußt, daß das alles gar nicht so schlimm gewesen wäre, wenn ich mich gleich an die Anweisungen

gehalten und die Stoffstücke markiert hätte. Das hat mich davon abgehalten, weiterhin auf Susan und Hobbes böse zu sein. Ich weiß, daß ich eigentlich auf mich selbst wütend war und es nur an anderen, die das nicht verdient haben, ausgelassen habe. Das ist ganz schön unreif.«

Ich nickte ermunternd, als sie fortfuhr.

»Wenn ich verantwortlich bin, habe ich die Kontrolle. Bei diesem Gedanken habe ich mich gleich viel besser gefühlt.« Und an Susan gewandt, setzte sie hinzu: »Es tut mir leid, daß ich dich angeschrien und beschuldigt habe, Su.«

»Ist schon gut«, sagte Susan achselzuckend. »Tut mir leid, daß ich nicht vorsichtiger war und die Katze nicht ausgesperrt habe. Vielleicht kann ich dir helfen, deine ganzen Quiltstücke zu sortieren«, lautete das Friedensangebot.

Schwestern. Wie Kätzchen, die sich balgen und sich ärgern, indem sie sich gegenseitig in den Schwanz beißen. Und sich schließlich hinlegen, um friedlich aneinandergekuschelt zu schlafen. Alles verziehen. Wie war noch dieser Ausspruch im Film? »Liebe heißt, niemals um Verzeihung bitten zu müssen.« Falsch. Liebe heißt, daß du immer sagst, daß es dir leid tut, daß du immer gewillt bist zu sagen, daß es dir leid tut.

Susan fuhr mit kläglicher Stimme fort: »Dein Quilt wird so schön. Viel schöner als meiner. Meiner wird schrecklich. Du mußt deinen fertigkriegen.«

Ich wunderte mich über Susans Äußerung, mit der

sie sich selbst herabsetzte; da ich aber wußte, was für eine pingelige Perfektionistin sie sein konnte, ging ich davon aus, daß sie, wie üblich, zu selbstkritisch war. Sogar der beste Meteorologe übersieht manchmal Sturmwolken.

»Ich wünschte, ich hätte schon vorher mehr über Verantwortung gewußt«, sagte Jennifer zu Grama. »Wenn ich so zurückblicke, dann hätte ich mir in meinem Leben eine Menge Theater und verausgabende Gefühle ersparen können, wie du schon sagtest. Und eine Menge Zeit.«

Wir waren etwas früh dran, und Grama war in der Waschküche, als wir bei ihr ankamen. Jennifer und Susan wurden damit beschäftigt, Gramas Bett frisch zu beziehen, und ich legte Handtücher zusammen. Wieso scheint es so, als fänden so viele unserer bedeutungsvollen Unterhaltungen im Leben bei solch simplen Hausarbeiten statt? fragte ich mich. Vielleicht ist das ein Hinweis darauf, daß wir gleichzeitig auf mehreren Ebenen des Daseins leben. Wir sind immer zugleich beides: physische Körper, die frische Laken brauchen, und geistige Einheiten, die frische Einfalle und Inspiration suchen.

»Unglücklicherweise«, bemerkte Grama, »lernen wir das, was wir lernen müssen, nicht immer in der richtigen Reihenfolge. Einige Lektionen im Leben ergeben sich zufällig, ganz unerwartet. Es liegt an uns, die Stücke zusammenzufügen, wie in einem Verrückten

Quilt. Du dürftest diese Aussage eigentlich schon einmal gehört haben, weißt du.« Grama lächelte und nickte in meine Richtung. »Manchmal sind wir einfach nicht bereit, uns das anzuhören, was man uns sagt, oder zu sehen, was für andere um uns herum sonnenklar ist. Manchmal kommt die Einsicht erst, lange nachdem man sie gebraucht hätte.«

»Oder nie«, meinte Susan, während sie ein Kissen in den Bezug stopfte.

»Richtig. Aber von wo auch immer du ausgehst, das neu erlangte Wissen ermöglicht dir, im Rückblick zu erkennen, wie du anders hättest handeln können, und es bereitet dich darauf vor, künftig besser zu handeln.«

»Es ist nie zu spät, einem alten Hund einen neuen Trick beizubringen«, zitierte Jennifer ein amerikanisches Sprichwort.

»Und es ist auch nie zu spät, uns jungen Hunden einen alten Trick beizubringen«, flachste Susan.

»Es ist gesund und klug zurückzuschauen, aber nicht, um über seine Fehler zu lamentieren, sondern um für die Zukunft daraus zu lernen«, wiederholte Grama. »Die wichtigste Sache, für die man im Leben eine Verantwortung übernehmen kann, ist das Lernen. Du bist voll verantwortlich dafür, wofür und wie du lernst.«

Nachdem wir alle Hausarbeiten erledigt hatten, gingen wir zurück ins Wohnzimmer und machten es uns zum Reden gemütlich. Für eine Weile hatten wir alle die Tatsache übersehen, daß Susan eine prall gefüllte Einkaufstasche mitgebracht hatte; offenbar befand sich darin das Material für ihre Quiltoberseite. Dann fragte Grama endlich, wie das Quilten voranging.

»O Grama, es ist schrecklich«, jammerte Susan und ließ alles herauspurzeln. »Ich kann das einfach nicht. Ich habe Stunden damit verbracht, diese Blocks zusammenzunähen, und schau, die Ecken treffen nicht aufeinander, die Nähte sitzen nicht gerade, und alles ist schlampig!«

Grama nahm jeden Block und untersuchte ihn sorgfältig.

So ist mein Baby, dachte ich. Während Frustration bei Jennifer Wut und Tritte gegen die Welt bewirkt, erzeugt sie bei Susan Tränen, Weltuntergangsgefühle und Selbstgeißelung. Zwei Seiten derselben Medaille: andere beschuldigen, sich selbst beschuldigen. Wie bei allem, was meine Töchter lernten, würden sie eine Weile brauchen, um die Einsicht zu verinnerlichen, daß sie für ihre Handlungen selbst verantwortlich waren.

»Es erfordert seine Zeit, Neues zu erlernen, Susan. Das geschieht nie über Nacht«, tröstete Grama. »Welchen von diesen Blocks hast du zuerst gemacht? Diesen. Und welchen zuletzt? Diesen hier. Also, sehen wir sie uns einmal an. Ist der letzte nicht viel besser gelungen als der, den du zuerst gemacht hast? Sicher ist er das. Du siehst also, daß du bei jedem lernst und Fortschritte machst, stimmt's? Du kannst deinen Fortschritt messen. Das ist doch ein befriedigendes Gefühl, oder?«

»Ich schätze schon.« Susan schmollte. Sie war noch nicht gewillt, ihre schlechte Stimmung aufzugeben, denn die war ihr vertraut. Doch schließlich hörte sie auf, Trübsal zu blasen, und nahm den letzten Block an sich. Sie betrachtete ihn und gab zu: »Auf diesen hier bin ich schon ganz stolz. Alle Ecken treffen genau aufeinander, seht ihr?«

»Dieser letzte ist echt gut, Su«, ermutigte ich sie. »Also, was muß man tun, damit alle Blocks so aussehen wie dieser hier?«

»Ich glaube, ich muß noch einmal ganz von vorne anfangen«, seufzte sie. »Aber dann war die ganze Arbeit umsonst«, jammerte sie erneut.

»Puh! Genau das werden wir tun«, befahl Jennifer. »Wir können jetzt sofort anfangen. Wir machen uns daran und trennen die Nähte auf, während wir uns unterhalten. Los, Su, wo ist dein Nahtauftrenner?« beschwatzte sie ihre Schwester. Ihr eigener Kummer war seit einer Weile vorüber, und sie war wieder fröhlich.

»Nichts, was wir lernen, lernen wir umsonst, Susan. Ich hasse es, wie ein großer, alter Guru zu klingen«, sagte Grama. »Aber es sieht so aus, als ob die heutige Lektion davon handeln wird, das Lernen zu lernen. Und es wird euch beide nicht überraschen zu hören, daß der sechste goldene Faden um das Lernen geht.«

»Okay, wie sieht der Lehrplan aus, Frau Lehrerin?« scherzte Jennifer.

Während Grama ebenfalls begann, einige von Susans unsauberen Nähten aufzutrennen, fuhr sie fort: »Nun, als erstes müßt ihr verstehen, daß Lernen ein lebenslanger Prozeß ist. Man verläßt die Schule nie wirklich. Zumindest solltet ihr nie das Gefühl haben, daß ihr alles gelernt habt. Denkt euch das Leben wie ein Klassenzimmer: Alles, was auch geschieht, bietet eine Gelegenheit zu lernen.«

»Demnach sind wir gerade im Grundkurs ›Erfolgsorientiertes Lernen‹«, bemerkte Susan geistreich.

»Wenn dir das gefällt«, entgegnete Grama und belächelte die Analogie. »Die wichtigsten Lektionen lauten wie folgt: Erstens: Glaube daran und wisse, daß du jeden Tag besser wirst. Denk daran, du kannst niemals weniger lernen; du kannst nur mehr lernen. Jeden Tag baust du auf das Wissen und die Erfahrung von gestern auf.«

»So, wie man ein Wollknäuel aufwickelt«, meinte Susan. »Oder ein Fadenknäuel, besser gesagt.«

»Richtig. Das ist eine der guten Seiten des Alterns: Jeden Tag weißt du mehr als am Tag zuvor. Zumindest, bis du wirklich alt wirst und allmählich anfängst, Dinge zu vergessen«, witzelte Grama.

Jennifer fügte hinzu: »Aber dann gibt es wenigstens mehr zu vergessen.«

»Zweitens: Scheitern ist auch Teil des Lernens. Wenn du nie scheiterst, lernst du nie dazu. Als du klein warst, hast du Laufen gelernt, indem du sehr oft hingefallen bist. Denke daran, daß der einzige wirkliche Fehler, den du begehen kannst, darin besteht, dich nicht zusammenzunehmen und es noch einmal zu versuchen, nachdem du aus dem Mißerfolg gelernt hast. Frage dich stets: Was kann ich daraus lernen? Und wenn du scheiterst, scheitere in großem Stil. Schließlich prallst du um so höher zurück, je tiefer du fällst. Ich erinnere mich, daß Edgar Allan Poe einmal sagte: ›Meine private Bibliothek enthält zweitausend Bücher. Leider sind es alles Ausgaben meines ersten Buches.‹ Aber er hat nicht zugelassen, daß dieses erste große Scheitern ihn aufhielt.

Drittens: Jedes Problem oder Ärgernis bietet Gelegenheit zum Lernen. Das ist manchmal die härteste Einstellung, die man annehmen kann. Das Leben sorgt für alles, was du zum Glücklichsein oder für deine Erziehung brauchst. Wenn Schwierigkeiten auftauchen, halte dich nicht damit auf, das Geschehene zu erklären, etwa wie: ›Der Kater hat meinen Quilt gefressen!‹ Halte nach der universellen Wahrheit hinter dem Vordergründigen Ausschau, leite daraus deine eigenen Einsichten ab, und folge ihnen.«

Jennifer nickte nachdenklich. »Und steht das nicht in Verbindung mit dem, was du über die persönliche Verantwortung gesagt hast, Grama? In gewissem Sinne bin ich diejenige, die dafür verantwortlich ist, die Wahrheit hinter den Ereignissen meines Lebens zu erkennen.«

»Das stimmt.« Grama bestätigte Jennifers Einsicht, bevor sie fortfuhr. »Und schließlich viertens: Lernen braucht seine Zeit.« Grama richtete ihre Kommentare an Susan.

»Ja, stimmt. Okay, Grama, ich hab's kapiert!« erwiderte sie in gespielter Verzweiflung.

»Wie ich schon sagte, sollte es ein ganzes Leben in Anspruch nehmen, weil es immer noch mehr zu lernen gibt. Es wird immer Zeiten geben, in denen irgend etwas neu für dich ist. Also habe Geduld mit dir selbst, und nimm dir Zeit zum Lernen, ohne wertend und allzu selbstkritisch zu sein«, schloß Grama.

»Das klingt ja alles sehr gut«, gab Susan zu. »So viel zum wichtigen ›Was‹ des lebenslangen Lernens. Ich glaube, die Frage, die bestehen bleibt, ist: ›Wie‹ lernst du richtig?«

Ich griff das Thema auf und antwortete: »Zunächst eignen sich dein eigenes Leben und deine Erfahrung großartig zum Lernen. Achte einfach darauf, was in dir und um dich herum geschieht. Sei aufmerksam und beobachte, was passiert. Denk dann darüber nach, was es bedeutet. Deine Schlußfolgerungen können genauso wertvoll und nützlich sein wie die jedes anderen – du mußt nicht immer einen außenstehenden, sogenannten Experten konsultieren, um etwas zu erfahren.«

»Willst du damit sagen, daß wir einfach unserem eigenen Urteil vertrauen sollen?« fragte Susan überrascht.

»Natürlich. Warum nicht? Ihr seid beide kluge und fähige Frauen, oder nicht? Um starke und unabhängige Denkerinnen zu werden, müßt ihr irgendwann anfangen, eurer inneren Stimme zu vertrauen.«

»Und denkt immer daran, die Schlußfolgerungen und Grundsätze, die ihr aufstellt, zu hinterfragen und weiterhin neu zu bewerten«, bemerkte Grama. »Solange ihr euren Geist offenhaltet, werdet ihr weiterlernen.«

»Das macht Sinn, glaube ich«, nickte Susan.

»Und außerdem kann man natürlich auch beim Lesen eine Menge Wertvolles lernen«, fuhr ich fort. »Auf diese Weise lernt man von anderen wie bei den Rollenvorbildern, von denen wir sprachen. Es gibt eine unglaublich große Menge an Wissen, Weisheit und Wahrheit in den Büchereien der ganzen Welt. Macht es euch zur erfolgversprechenden Gewohnheit, jeden Tag zu lesen; nicht nur lockere Unterhaltungsliteratur, sondern etwas, das euch zugute kommt oder euch auf Ideen bringt. Lest Bücher über Themen, mit denen ihr euch normalerweise nicht befassen würdet. Man weiß nie, woher eine gute, neue Idee kommen wird.«

»Aber Ma«, warf Jennifer ein. »Man kann in seinem Leben unmöglich alles lesen und lernen.«

»Ja«, stimmte Susan zu. »Man kann wahrscheinlich nicht einmal alle Buchtitel lesen.«

»Nein, natürlich nicht. Der Trick für erfolgreiches Lesen lautet einfach: Lies, um zu lehren. Lies so, daß du die Grundgedanken verstehst und sie anderen deutlich erklären kannst. So weißt du, ob du die Bedeutung wirklich verstanden hast. Detailwissen ist dabei nicht wichtig. Die Statistiken kann jeder später nachholen. Wahre Intelligenz ist nicht die Fähigkeit, große Mengen von Fakten auswendig zu lernen, sondern die Fähigkeit, Zusammenhänge zu erfassen oder, mit anderen Worten, Konzeptionen zu verstehen und sie verständlich zu vermitteln. Daraus folgt, daß der erfolgreiche Einsatz von Intelligenz dazu befähigt, solche Konzepte im täglichen Leben anzuwenden«, schloß ich.

»Also lies oder lerne immer, um zu verstehen, und nicht, um etwas auswendig wiedergeben zu können«, wiederholte Susan. »Hm. Darüber werde ich mehr nachdenken müssen. Als Lehrerin werde ich Kindern nicht nur beibringen müssen, wie man liest, sondern auch, wie man liest, um zu denken, wißt ihr.«
»Das stimmt«, nickte ich. »Und das wird dazu führen, daß du mit gewissen Bereichen des Schulsystems nicht übereinstimmst, die darauf hinauslaufen, Schüler zu überprüfen und sie nur für das zu belohnen, was sie auswendig wissen. Das ist eine Herausforderung, der du dich wirst stellen müssen, wenn du erst einmal Lehrerin bist.«
Grama brachte uns zurück zur heutigen Lektion und schloß: »Um auf die Aufregung von heute zurückzukommen, Susan, manchmal bist du zu hart zu dir selbst. Ich weiß, daß du alles perfekt machen willst, und es ist eine gute, erfolgversprechende Gewohnheit, immer Perfektion anzustreben. Auf diese Weise wirst du Qualitätsarbeit leisten. Aber du mußt dich in dieser Hinsicht mäßigen und wissen, wann du Geduld mit dir haben mußt. Mache deine Absichten oder die Qualität deiner Arbeit nicht unmöglich. Nimm dir einfach Zeit zu lernen. Das heißt, daß du am Anfang deinen hohen Erwartungen vielleicht nicht entsprechen wirst.
An diesem Punkt geben viele Leute auf. Sie sind frustriert, wenn sie es nicht schaffen oder wenn sie sich nicht schnell genug verbessern. Vergleiche deinen ersten Quilt nicht mit der Arbeit erfahrener Meisterquilterinnen. Ver-

gleiche deinen ersten Quilt mit ihrem ersten Quilt. Du wirst wahrscheinlich angenehm überrascht sein, wenn du siehst, wie viele Fehler auch sie am Anfang gemacht haben. Gestehe dir die nötigen Fehler zu, während du lernst. So bleibst du weiterhin auf Erfolgskurs.
Denk daran, jedesmal, wenn du einen Fehler machst, lernst du, wie man es nicht machen soll. Jedesmal, wenn du gelernt hast, wie man etwas nicht macht, bist du dem Erfolg nähergekommen. Erinnere dich an Thomas Edison. Er sagte, er habe zweitausend Wege gefunden, wie man eine elektrische Glühbirne nicht macht, bevor er den richtigen Weg fand. Fehlschläge führen zum Erfolg, aber nur, wenn du daraus etwas lernst.«
»Du hast recht, Grama, wenn ich einen Block richtig machen konnte, dann kann ich die anderen auch so machen. Ich muß nur durchhalten, stimmt's? Das hast du schon früher über das Übernehmen von Verantwortung gesagt«, meinte Susan nachdenklich.
»Ja. Genau. Und nun komm her und umarme mich einmal ganz fest«, entgegnete Grama strahlend, »und dann laßt uns weitermachen.« Obwohl Susan den Tag niedergeschlagen begonnen hatte, hatten Gramas sechster goldener Faden und ihre Kommentare über das Lernen anscheinend ins Schwarze getroffen und ihre Stimmung gebessert. Alles, was mit Lernen zu tun hatte, erregte ihr Interesse. Das waren Gedankengänge, die ihr für ihre Karriere nützlich sein konnten. Wie bereits Jennifer mußte nun auch Susan einen Schritt zurückgehen und einiges an Arbeit noch einmal tun.

»Wo wir schon einmal beim Lernen sind«, klinkte sich Jennifer ein, »sollte ich jetzt wohl wie versprochen berichten, was ich bisher über Erfolg gelernt habe.«

»Großartig. Das würden wir wirklich gern hören«, ermutigte Grama sie, während wir alle Susans unsaubere Nähte auftrennten.

»Ich werde versuchen zusammenzufassen, was du und Ma meiner Meinung nach gesagt haben, obwohl es manchmal verwirrend war. Einerseits kann man den Erfolg an Geld und materiellen Dingen wie Statussymbolen messen, um zu erfahren, wie man im Vergleich zu allen anderen dasteht.« Sie hob erst eine Hand, mit der Handfläche nach oben, und dann die andere und wackelte mit ihnen, als stelle sie mit unsichtbaren Gewichten die Balance her. »Andererseits kann man Erfolg mit nicht greifbaren Werten wie Anerkennung, Selbstachtung und allgemeiner Zufriedenheit über das Erreichte bemessen. Ich bin trotzdem verwirrt, weil Erfolg so viele Entscheidungen vorauszusetzen scheint. Sowohl in qualitativer als auch in quantitativer Hinsicht, je nachdem, worauf man sein Interesse richtet – auf ein begrenztes Feld oder auf einen ausgedehnten Bereich.« Und dabei gestikulierte sie wieder mit den Händen.

Ich nickte. »Das stimmt. Ich habe irgendwo ein Zitat gelesen, das lautete: ›Ich will nicht nur ein langes, sondern auch ein ausgedehntes Leben.‹«

Jennifer fuhr fort: »Du kannst auf einem begrenzten Gebiet Experte sein oder einigermaßen gut in vielen

Dingen – also Spezialist oder Generalist sein, nehme ich an. Was auch immer du wählst, es ist ein Preis dafür zu zahlen. Indem du dich für eine Sache entscheidest, mußt du möglicherweise auf eine andere verzichten. Und wieder kann Erfolg aber auch einfach die kontinuierliche zielgerichtete Arbeit sein. Diese Ansicht sagt mir wirklich zu.

Wie auch immer du Erfolg definierst oder bemißt, er wird zunächst einmal durch deine Grundeinstellung und erst dann durch deine Handlungsweisen möglich. Eine erfolgversprechende Grundeinstellung ergibt sich aus deinen Ansichten und Wertvorstellungen und wird durch deine Beweggründe, das Ziel erreichen zu wollen, positiv beeinflußt. Je mehr Gründe du dafür hast, desto motivierter wirst du sein. Jede zielgerichtete Handlung ist wichtig, weil sie deine Werte unterstützt und aufzeigt. Das ist die Sache mit der Übereinstimmung. Stimmt's?«

Grama nickte bejahend, während sie zuhörte.

»Es ergibt wirklich einen Sinn, Grama, wie deine goldenen Fäden sich zum Erfolg verweben. Du mußt eine Verpflichtung eingehen. Du mußt dir ein Ziel setzen. Du mußt einen Plan erstellen. Natürlich mußt du Qualitätsarbeit leisten. Du mußt unbedingt für dein eigenes Leben verantwortlich sein. Und jetzt Nummer sechs: Mache dir das Lernen zu einer lebenslangen Gewohnheit.«

Grama lächelte glücklich. »Ich bin froh, daß du mir zustimmst.«

»Das Quilten ist wirklich eine Metapher für das Leben. Einerlei, für welchen Stoff des Lebens du dich entscheidest, diese goldenen Fäden sind die Kett- und Schußfäden, die miteinander zu dem Stoff verwoben werden. Sie stehen für die Werte, die deinen Charakter formen«, schloß sie.

»Das klingt sehr poetisch«, lobte Susan ihre Schwester. Sie hatte respektvoll geschwiegen, während Jennifer sprach.

»Danke. Noch eine abschließende Beobachtung. Es scheint mir, daß die Qualität deines Lebens dem kombinierten Erfolg all deiner Entscheidungen gleichkommt. Je besser deine Entscheidungen, desto besser dein Leben.«

»Das ist ausgezeichnet«, lobte Grama Jennifers Worte. »Glaubst du auch an alles, was du da gesagt hast?«

»Ja«, entgegnete sie zaghaft. »Ja, jetzt, wo ich darüber nachdenke, glaube ich, daß ich das wirklich tue.« Jennifer lächelte über ihre eigene Offenbarung, und Grama nickte zufrieden.

»Was ist dann so verwirrend?« fragte ich.

»Okay. Es sind nicht die Ideen, die verwirrend sind, aber wie soll ich die Theorie auf das Leben anwenden? Wie weißt du, welche Karriere du in Angriff nehmen sollst? Ich glaube, ich verstehe das ›Wie‹ des Erfolges. Ich habe aber meine Schwierigkeiten mit dem ›Was‹. Was wählst du, wenn es so viele Möglichkeiten gibt?«

Ich tätschelte ihre Schulter. »Jenny, du bist nicht allein

mit deinem Dilemma. Es stehen heutzutage so viele Karrieremöglichkeiten offen, daß den Leuten die Entscheidung schwerfällt. Und Tatsache ist, daß es etliche Beschäftigungen geben dürfte, die deine Bedürfnisse und Werte befriedigen könnten. Das ist die wunderbare Seite unserer komplexen Gesellschaft.«

»Nun, und heutzutage geht der Trend offenkundig in die Richtung, daß Menschen während ihres Lebens mehrere total unterschiedliche Berufswege einschlagen«, stöhnte sie.

»Das stimmt, aber das Geheimnis der beruflichen Zufriedenheit liegt darin sicherzustellen, daß du auf jeden Job die goldenen Fäden anwendest«, riet ich.

»Ich weiß, daß ihr Mädchen es haßt, wenn ihr gesagt bekommt: ›Ihr seid jung, und alles wird zur rechten Zeit geschehen‹, aber im Leben passiert, wie ihr wißt, gerade das öfter als alles andere«, äußerte sich Grama. »Wie es so schön heißt: ›Du kannst den Lauf des Flusses nicht verändern, also mußt du mit dem Strom schwimmen.‹ Mit anderen Worten, du wirst vielleicht lange Zeit nicht wissen, wie deine endgültige Laufbahn aussehen soll, aber du kannst nichts erzwingen. Du wirst eventuell einige Fehlstarts haben. Du könntest deine Meinung ändern. Du mußt vielleicht zulassen, daß die Dinge sich entwickeln, wenn deine Ansprüche und deine Interessen wachsen. Mach dir keine Sorgen! Das wichtigste ist: Solange du dich von deinen Werten und deinen wirklichen Interessen leiten läßt, ist alles in Ordnung«, riet ihr Grama.

Susans Gesicht hellte sich auf, als sie spitz bemerkte: »Ja, Jenny, auch du mußt vielleicht ein paar Nähte auftrennen und noch einmal von vorn anfangen – Nähen und Auftrennen –, bis du lernst, genau zu wissen, was Erfolg für dich bedeutet. Sei nicht so streng mit dir selbst«, stieß sie Jennifer spielerisch an. »Sei geduldig, so wie ich!«

Goldener Faden Nr. 6
Mache dir lebenslanges Lernen zur Gewohnheit

MÄRZ

Mit Pfiff

Liebes Tagebuch. In diesem Monat herrscht Ruhe im Tal.

Susan ordnete mit ihrem peinlich genauen Auge für das Detail alle eigenwilligen Quiltstücke von Jennifer einander zu, und zusammen erdachten sie eine Möglichkeit, das komplizierte Muster zu vereinfachen. Sie ersetzten viele der kleinen Fetzchen durch größere Teile, was ein neues und klareres Muster zum Ergebnis hatte. Da einiges vom ursprünglichen Stoff verschwunden – sozusagen mit dem Kater streunen gegangen – war und dadurch der ganze Quilt kleiner ausfallen würde, beschloß Jennifer, in einen zusätzlichen Stoff zu investieren, um einen breiten Rand anzufügen, einen kontrastierenden Rahmen, der das Ganze zusammenhalten sollte. Not macht nicht nur erfinderisch, in diesem Fall trug sie auch zu einer attraktiven Lösung bei.

Als Gegenleistung half Jennifer Susan weiterhin beim Auftrennen der Blocks als Vorbereitung auf das erneute Zusammennähen der Stoffteile mit frisch perfektionierten Fähigkeiten.

Da sich beide Mädchen wieder der Arbeit verpflichtet hatten, machten sie sich daran, die Quiltoberseiten vor unserem nächsten Besuch bei Grama fertigzunähen. Ich glaube, sie waren selbst überrascht, wie schnell es voranging. Es gibt nichts Besseres als die Ermutigung durch eine Schwester, damit die Begeisterung und Energie wieder entflammt. Die beiden fanden heraus, daß nicht nur Mütter, Tanten, Großmütter und Freundinnen Verbündete und Förderer sein können, sondern auch Schwestern. Eine Schwester kann eine gerechte Strafe sein, aber auch ein Kumpel, mit dem man aufwächst, und eine helfende Hand im Leben.

Trotz allen Widrigkeiten blieben wir irgendwie im Zeitplan.

Als wir bei Grama ankamen, schlief sie friedlich in einem bequemen alten Liegesessel, die Füße auf einer kleinen gepolsterten Fußbank. Ihre Hände lagen locker im Schoß auf dem Quilt, der in einem kleinen runden Rahmen steckte. Dort mußten sie zur Ruhe gekommen sein, als sie wegnickte. Sie wachte abrupt auf, als ich ihre Schulter berührte und zu ihr sprach, und sie lächelte glücklich, als sie mich erkannte. Sie rückte ihre Brille zurecht und legte ihre Quiltarbeit beiseite, um uns zu begrüßen. Die Mädchen konnten es nicht erwarten anzugeben. Also ging ich in die Küche, um Tee zu machen, während sie ihre Schätze auspackten.

»Ich bin so stolz auf euch«, lobte Grama und strahlte, als Jennifer und Susan ihre nun vollendeten Quiltoberseiten hochhielten. »Ich wußte, daß ihr es schaffen würdet.« Sie begutachtete die Arbeiten in allen Einzelheiten und umarmte beide.

»Hervorragend. Qualitätsarbeit, von beiden! Ihr habt wirklich hart gearbeitet und trotz einiger Widrigkeiten durchgehalten. Herzlichen Glückwunsch! Ihr habt bestimmt viel dabei gelernt. Ich weiß, ihr mußtet beide gegen eure Bequemlichkeit ankämpfen und euch ganz schön abstrampeln, um so weit zu kommen, und ich weiß, daß das nicht immer einfach ist«, bemerkte Grama.

»Aber das war es wert, Grama«, sagte Susan stolz, während sie ihre Quiltoberseite faltete und über die Stuhllehne hängte.

»Seid ihr euch dessen bewußt gewesen, daß ihr gegen eure Bequemlichkeit ankämpfen mußtet? Ihr mußtet es, weil ihr beide auf unterschiedliche Weise gefordert wart, etwas zu tun, was ihr nie zuvor getan habt. Ich glaube, man könnte sagen, daß dies der Fortgeschrittenenkurs ›Erfolgsorientiertes Lernen‹ ist, zu dem wir letzten Monat nicht gekommen sind.

Eine Sache ist es, eure Lektionen aus jedem Zwischenfall, der euch widerfährt, zu beziehen. Sich aber absichtlich in eine prekäre Situation zu versetzen, weil man nach Lernmöglichkeiten sucht, das zeugt wahrlich von Reife. Das bedeutet, das eigene Leben aktiv zu gestalten. Es ist einfach, auf vertrautem Gebiet zu verweilen. Das garantiert Bequemlichkeit, und die kann zu einer Gefühlsfalle werden, die euch am Weiterkommen hindert.

Wann immer ihr euch ein Ziel setzt«, fuhr Grama fort, »faßt ihr den Entschluß, eure gegenwärtigen Grenzen zu überschreiten, und das ist ungemütlich und einschüchternd. Aber es ist der einzige Weg herauszufinden, wer ihr seid und was ihr alles sein könnt. Bevor ihr euch die Anfertigung eines Quilts zum Ziel gesetzt habt, wußtet ihr nicht, daß ihr das lernen könnt. Ihr könnt nicht radfahren, bevor ihr es nicht tut! Ihr werdet nie wissen, wie erfolgreich ihr sein könnt, es sei denn, ihr seht über das hinaus, was ihr im Augenblick glaubt, bewältigen zu können.

Und das verleiht dem Leben Würze. Normalerweise hindert die gedankliche Vorwegnahme des Versagens einen daran, die vertraute Umgebung zu verlassen. Wenn ihr lernt, euch nicht durch die Möglichkeit des Scheiterns aufhalten zu lassen, dann öffnet ihr euch den Weg aus der Bequemlichkeit. Angst und Widerstand gegen Veränderung halten die Menschen im Status quo verwurzelt. Oft verwechseln wir die Stimme der Angst, die wir in unserem Kopf hören, mit der Stimme der Vernunft, die uns vor Schaden schützt. Das ist nicht wahr. Sie schützt uns nicht vor Schwierigkeiten – sie versucht uns davon abzuhalten, überhaupt etwas zu tun. Es ist nicht logisch – es ist gewöhnlich irrational. Diese Art der Ängstlichkeit hindert Menschen daran, sich selbst herauszufordern und ihre Möglichkeiten auszuschöpfen.«

Die Mädchen hatten aufmerksam zugehört.

»Aber wie können wir die Angst vor einem Mißerfolg loswerden, Grama?« fragte Susan. »Ist es nicht natürlich, besorgt zu sein?«

»Sicher ist es das. Nun, erst einmal, wie wir es letzten Monat schon ansprachen, mußt du dir von Anfang an über die Tatsache, daß du versagen könntest, im klaren sein und auch darüber, daß nicht alles, was wir tun, zu dem erwarteten Ergebnis führt. Es besteht immer die Möglichkeit, daß wir Fehler machen, besonders da wir uns nun dazu entschlossen haben, ein Leben lang zu lernen.

Du kannst zu jeder Zeit im Leben ein Anfänger sein. Ich war zwanzig Jahre lang Quilterin und habe mich noch immer als Anfängerin bezeichnet, denn obwohl ich in einigen Mustern und Stichen gut war, gab es noch viele andere Muster und neue Techniken, die ich nicht beherrschte. Nur weil du auf irgendeinem Gebiet in deinem Leben ein Experte bist, heißt das nicht, daß du auf anderen Gebieten kein Anfänger sein kannst. Wenn du das einmal gefühlsmäßig akzeptiert hast, dann ist schon einiger Druck von dir genommen, und das hilft dir zu entspannen.«

»Ja, geben wir es zu, wir alle funktionieren besser, wenn wir entspannt sind.« Jennifer nickte nachdrücklich.

Grama fuhr fort: »Denk daran, einen Fehler zu begehen heißt nicht, zu versagen. Gestehe dir Fehler zu, so daß ungeachtet dessen, was geschieht, dein Ego nicht aus den Fugen gerät. Wie wenn du Tennis spielen würdest. Spiele in deinem Kopf immer, um zu gewinnen, aber sei im Herzen darauf vorbereitet zu verlieren.«

»Ich verstehe, was du sagst, Grama. Aber wann hört man auf, sich ängstlich zu fühlen? Wie kommt man über das Gefühl der Angst hinweg oder über die Vorstellung des Mißerfolgs?« insistierte Susan.

»Ich glaube, die Angst vor dem Mißerfolg rührt von

dem Gedanken her, Mißerfolg sei schlecht. Aber das Wort Mißerfolg ist nichts weiter als eine Bezeichnung. Es ist ein Urteil, das wir über ein Ereignis abgeben. Erinnerst du dich daran, daß wir über Verantwortung sprachen? Das ist das gleiche. Wir können entweder sagen, dieses Ereignis ist ein Mißerfolg, oder, dieses Ereignis macht mich stärker, weil ich daraus gelernt habe. Kein Quilt ist ein Mißerfolg, wenn die Quilterin etwas darüber gelernt hat, wie sie den nächsten Quilt besser machen kann. Kein Ereignis ist aus sich selbst heraus oder an sich ein Mißerfolg. Es gibt wahrscheinlich nichts, was dir widerfahren könnte, das nicht schon einmal jemand anderem widerfahren ist, der es in ein erfolgreiches Ereignis umgewandelt hat. Der einzige Unterschied besteht darin, daß derjenige sich dazu entschlossen hat, es als solches anzusehen«, erklärte Grama.

»Das Wasserglas ist halb leer«, nickte Susan.

»Oder halb voll«, schloß Jennifer.

»Genau«, bekräftigte Grama.

»Also reicht es aus, einfach deine, äh, Einstellung zu ändern, um die Angst loszuwerden?« fragte Susan, noch nicht ganz überzeugt.

»Das würde ich am liebsten sagen, aber in Wahrheit ist es normal, über das Unbekannte beunruhigt zu sein, wenn man sich auf unbekanntem Terrain befindet. Das wichtige dabei ist, daß du lernst, deine Angst zu kontrollieren und dich nicht von ihr kontrollieren oder aufhalten zu lassen.

Hier also, kurz und knapp, einige Tips:

1. Mache dir dein Unwohlsein bewußt, und ergründe es.

2. Sag dir, daß es o.k. ist. Verzeih dir dein Unwohlsein. Niemand ist immer furchtlos.

3. Fasse den Entschluß, daß deine Sorgen dich nicht aufhalten werden, und mach dich an die Arbeit.

4. Glaube daran, daß du Erfolg haben wirst, und wisse, daß du zumindest etwas aus der Erfahrung lernen wirst. Auf diese Weise entscheidest du dich dafür, jede Situation positiv zu sehen.«

»Du meinst, daß man sich zu irgendeinem Zeitpunkt sowieso ängstlich fühlen wird, und man deshalb auch gleich durchstarten und es trotzdem machen kann«, wiederholte Jennifer.
»Ja. Und ich sage es ja nicht gern, aber je öfter du dich in neuen und Mut erfordernden Situationen befindest, desto wohler wirst du dich dabei fühlen. So verwandelt sich bedrohlich Unbekanntes in aufregendes Unbekanntes, also in etwas, das man herbeisehnt, da man ja, was immer auch geschieht, nicht verlieren kann«, schloß Grama.
»Ja, Su, weißt du noch, wie schwer es mir gefallen ist, schwimmen zu lernen«, erklärte Jennifer. »Ich hatte

Angst, das bequeme, flache Wasser zu verlassen. Aber meine Schulfreunde spielten im tiefen Wasser und hatten so viel Spaß, daß ich es wirklich lernen wollte. Also mußte ich wohl oder übel den ›Sprung ins tiefe Wasser wagen‹. Sobald ich mich dann an das Wasser gewöhnt hatte und meine Schwimmzüge kräftiger wurden, verlor ich die Angst.«

»Das ist ein gutes Beispiel, Jenny«, bemerkte ich. »Wenn du sozusagen am Rand des Beckens festhängst und zögerst hineinzuspringen, dann gibt es eine einfache Methode, um dich anzutreiben. Betrachte die Situation von einer anderen Warte aus. Frage dich: ›Wenn ich es nicht tue, was werde ich dann Tolles verpassen?‹ Die Angst vor dem Versuch bringt oft mehr Beunruhigung als die Handlung als solche.

Siehst du, der wichtigste Vorteil, den du aus der selbstgesetzten Herausforderung ziehst, besteht darin, daß du schließlich deine Selbstzweifel überwindest und dein Selbstvertrauen erheblich steigt. Das ist die beste Motivation, die es gibt.«

Jennifer analysierte das Gesagte: »Sich selbst herauszufordern fördert die Courage, und wenn du mutig bist und Selbstvertrauen hast, dann bist du auch gewillt, noch größere Herausforderungen anzunehmen, stimmt's? Das ist eine weitere Rückkoppelung.«

»Also lautet der sechste goldene Faden: Mache dir lebenslanges Lernen zur Gewohnheit. Stimmt's, Grama?« fragte Susan.

Grama nickte. »Und er formt das Selbstvertrauen.«

»Richtig. Ob das der Weg ist, der zum Erfolg führt? Ich wette darauf«, ergänzte ich.
»Ich stelle euch eine Frage. Wenn Mißerfolg nichts Schlechtes ist, heißt das, daß Erfolg immer gut ist?« gab Grama mit einem Augenzwinkern zu bedenken.
»O nein, ich glaube nicht, daß ich das hören möchte!« Jennifer hielt sich lachend die Ohren zu.
»Ich schon«, sagte Susan fröhlich und fügte ihre schnelle Eingebung hinzu: »Erfolg ist nicht gut, wenn er dich selbstgefällig macht, so daß du deine Bequemlichkeit nicht mehr aufgibst. Dann lernst du nichts Neues mehr. Wenn sich die Dinge dann zeitbedingt wandeln, kannst du nicht mehr mithalten und kommst nicht mehr zurecht. Was gestern erfolgreich war, muß nicht unbedingt auch morgen noch erfolgreich sein.«
»Das ist schrecklich, Su«, erklärte Jennifer, die trotz des Protestes zugehört hatte. »Das reicht fast aus, um mich davon abzuhalten, überhaupt erfolgreich sein zu wollen. Fast, aber nicht ganz!« Sie lachte über sich selbst.
»Ich für meinen Teil«, fuhr Grama fort, »erinnere mich, wenn ich mich unwohl fühle, selbst daran, daß dieses Unwohlsein meinem Leben Würze gibt, einem Leben, das sonst schrecklich langweilig sein könnte. Wie beim Backen, wenn im Rezept steht, ›Aroma hinzufügen‹. Dann raspelst du die bittere und sonst ungenießbare Zitronenschale in den Teig, um dem Kuchen einen geschmacklichen Pfiff zu geben. Wann immer ich ein Problem habe, stelle ich es mir gerne als eine große, saftige Zitrone vor. Ich schnappe mir dann eine Reibe und

sehe mich selbst Aroma daraus machen und dann die aromatischen Krümelchen überall verteilen. Das macht das ganze Bild sonniger und komisch und viel weniger bedrohlich. Mit anderen Worten, es hilft dir, deinen Sinn für Humor zu bewahren und dich selbst nicht allzu ernst zu nehmen. Immerhin hat uns Gott einen Nacken gegeben, damit wir ihn hinhalten!« Grama lachte über sich selbst. »Hört nur auf mich, wollt ihr? Ich liefere euch mit Sicherheit einige putzige Ideen.«

»Was du sagst, macht für mich immer Sinn, Grama. Du erinnerst mich an Yoda, diese weise Figur aus den Star-Wars-Filmen. Sie half Luke Skywalker dabei, ein Held zu werden und die Mächte der Dunkelheit zu besiegen«, neckte Jennifer.

»Dann wärst du ja unsere Yoda-Grama. Wir sollten dich Yoda-Grama nennen! Was für ein toller Spitzname!« Susan lachte.

Sofort begann Jennifer mit einer Parodie des Liedes »Cinderella, Rockefeller«: »Oh, die Grama, oh, die Grama haut mich um. Oh, die Grama, Yoda Grama.«

Manchmal ist sie so treffend, daß es ein Wunder ist, daß sie sich nicht selbst trifft. Susan und ich stimmten in die zweite Strophe ein: »Oh, die Grama, oh, die Grama haut mich um.« Grama lachte, schüttelte ihren Kopf und fing an, zu unserer A-cappella-Serenade einen improvisierten Hula-Tanz hinzulegen.

Den restlichen Tag über wurde nicht mehr besonders viel an den Quilts gearbeitet. Es waren unbeschwerte

Stunden, erfüllt von dem guten Gefühl, eine kleine Etappe auf unserem Weg erreicht zu haben. Die Quiltoberteile waren fertig. Das mußte gefeiert werden, und diese Arbeit war wichtiger.

Grama hatte Jennifer und Susan die ersten sechs goldenen Fäden vermittelt. Es waren allesamt wichtige Lektionen, Verpflichtung, Bekräftigung, Zielsetzung, Planung, Qualitätsarbeit, Verantwortung und Lernen. Glücklicherweise sorgte Grama auch dafür, daß die Mädchen Spaß an der Sache und erste Erfolgserlebnisse hatten, indem sie ihre bisherigen Leistungen würdigte. »Halte die schönen Augenblicke fest«, hatte Jack immer gesagt und zur Bekräftigung leidenschaftlich die Faust geballt. Zu oft, allzu oft, erinnert man sich an die schlechten Zeiten; man analysiert sie, mißt ihnen Bedeutung zu und durchleidet sie erneut – viel zu lange. Die glücklichen, ausgelassenen Zeiten dagegen lassen wir flüchtig an uns vorüberziehen, ohne sie zu beachten.

Wie mit dem unsichtbaren weichen Baumwollvlies ist jeder Quilt auch mit verborgenen Erinnerungen gefüllt und mit Liebe genäht. Ich hoffe, daß die Mädchen mit jedem Stich, den sie an ihrem Quilt ausführen, auch wundervolle Erinnerungen einschließen, die sie in den kommenden Jahren erfreuen und wärmen werden.

Goldener Faden Nr. 1
Gehe eine Verpflichtung ein

Goldener Faden Nr. 2
Setze dir ein Ziel

Goldener Faden Nr. 3
Plane deine Arbeit, und arbeite nach Plan

Goldener Faden Nr. 4
Leiste immer Qualitätsarbeit

Goldener Faden Nr. 5
Übernimm Verantwortung, und sei ver-antwort-lich

Goldener Faden Nr. 6
Mache dir lebenslanges Lernen zur Gewohnheit

APRIL

Schwestern

Der Frühling zog dahin mit seiner üblichen Mischung aus späten Stürmen und frühen Blüten. Im vergangenen Monat zeigte Grama den Mädchen den nächsten Schritt beim Quilten. Sie verband ihr Quiltoberteil im »Herzen-und-Rosen«-Muster mit dem Vlies und der Rückseite und ließ Jennifer und Susan daran üben. Danach wurden die beiden mit der einigermaßen leichten Aufgabe betraut, ihre eigenen Quiltoberteile für das abschließende Handquilten vorzubereiten. Zuerst sollten sie mit einem Markierungsstift ganz leicht das Steppmuster ihrer Wahl auf das Quiltoberteil zeichnen. Diese Linien würden als Kennzeichnung für die endgültigen Nähte dienen, die mit kleinen laufenden Stichen alle Lagen des Quilts zusammenhalten.

Dann sollten sie ein großes Stück vom Rückseitenstoff auf dem Boden ausbreiten und die weiche Vlieseinlage auflegen. Schließlich sollten sie das Quiltoberteil darüber legen und faltenfrei glattstreichen. Mit

langen Stichen hefteten sie dann die drei Lagen mit einem groben Gittermuster fest zusammen, so daß sich die Lagen während der Arbeit nicht verschieben oder zerknittern konnten. Viele Quilterinnen erleichtern sich diesen Schritt, indem sie die Lagen einfach mit Stecknadeln zusammenheften, aber Grama bestand natürlich darauf, daß es beim ersten Mal richtig gemacht wurde, damit die Mädchen es lernten und um spätere Kopfschmerzen und Enttäuschungen zu vermeiden. Dieses Mal beherzten sie beide vergnügt die Warnungen, die der Erfahrung entsprangen, und nahmen Gramas Anweisungen an.
Als wir heute zu Grama fuhren, wußten meine Töchter nicht, daß im Kofferraum des Wagens ein trag- und zusammenklappbarer Quiltingrahmen lag, den ich für sie gekauft hatte. Sie hatten beide bis zu diesem Punkt durchgehalten, und sie hatten sich mit ihrer Mühe eine angemessene Belohnung verdient. Ein weiteres hochqualitatives Werkzeug, um Gramas goldenen Faden der Qualitätsarbeit zu untermauern. Wie konnte ich ahnen, daß das Jennifer und Susan weiteren Ärger verursachen und ihnen die Gelegenheit bieten würde, eine weitere wertvolle Lektion zu lernen!

Auf dem Weg nach Clareville fragte Susan, ob wir nicht anhalten und ein paar Blumen für Grama kaufen könnten. Susan kicherte geheimnisvoll, als sie mit ihrem Kauf zurück in den Wagen stieg, und das Lächeln wich auf dem ganzen Weg nach Clareville nicht. Auch wir

mußten lächeln, als Grama die Blumen auswickelte: zitronengelbe Osterglocken!
Aber das war nicht ihre einzige Überraschung.
»Ich habe über deine ›Aroma-hinzufügen‹-Anregung nachgedacht, Grama«, teilte Susan mit, »und habe mich entschlossen, meinen Quilt zu ändern. Er war zu, äh, zu konservativ und kein bißchen gewagt. Also, was hältst du davon?« Schüchtern entfaltete sie ihre Arbeit.
Wir waren erstaunt! Susan hatte nochmals sorgfältig und diesmal klammheimlich Teile in jedem Block aufgetrennt und einige Stücke des ursprünglich gewählten, gedeckten beigefarbenen Stoffes durch sonnengelben ersetzt. Die Wirkung war elektrisierend. Die Quiltoberseite leuchtete jetzt. Sie war lebendig geworden. Was brav und hübsch gewirkt hatte, war nun aufregend und einzigartig. Sie hatte ein traditionelles Muster und Farbschema aufgegriffen und etwas Eigenes daraus gemacht. Und was bedeutsamer war, sie hatte es getan, ohne sich mit jemandem darüber zu beraten. Susan hört sich normalerweise jede Meinung an, bevor sie zur Tat schreitet. Das ist Teil ihres Sicherheitsbedürfnisses. Und es macht das Fällen von Entscheidungen für sie schwierig, wenn die Meinungen miteinander im Widerspruch stehen.
»Das ist unglaublich!« beglückwünschte Jennifer Susan, und wir äußerten uns alle über den Unterschied, den eine einfache Farbänderung bewirkt hatte. Kleine Ursache, große Wirkung – wie beim Hebelgesetz: Geringe Kraft auf der einen Seite kann sehr viel größere und

dramatische Auswirkungen auf der anderen Seite haben. Hatte nicht schon Archimedes gesagt: »Gebt mir einen Hebel, der lang genug ist, und einen geeigneten Standpunkt, und ich kann die Welt aus den Angeln heben«? Eine kleine, sehr gut gewählte Änderung in Susans Quilt hatte eine riesige Veränderung bewirkt.
»So gefällt es mir wirklich besser«, gab Susan zu. »Ich war mir nicht sicher, ob es funktionieren würde, aber ich mußte das Risiko eingehen. Nun wird mich dieser Quilt immer daran gemahnen, den bequemen Weg zu verlassen und einer Sache Pfiff zu geben. Genau, wie Grama gesagt hat!«
So wie der Quilt schien auch Susan in neuer Selbstsicherheit zu erstrahlen. Sie hatte sich selbst die Erlaubnis erteilt, etwas auszuprobieren. Das war möglicherweise eine der besten Lektionen, die sie lernen konnte. Mit ihrem Quilt und dem Gefühl, das dieser künftig in ihr wecken würde, hatte sie sich außerdem eine greifbare Erinnerung geschaffen, die sie immer dazu aufrufen würde, sich selbst herauszufordern.
Wir waren alle so aufgeregt, daß wir Mühe hatten, uns wieder zu beruhigen. Aber nach einigen Minuten der Ausrufe, Glückwünsche und des allgemeinen Austausches von Neuigkeiten schlug Grama vor, mit der Arbeit anzufangen. Um Jennifer und Susan die Quiltstiche beizubringen, hatte Grama zwei Musterblocks aus Stoffresten auf kleine Handrahmen gespannt.
»Der ideale Stich wird klein, gerade und gleichmäßig lang«, erklärte Grama, während sie es vormachte. »So

einfach ist das, obwohl es euch jetzt nicht mehr verwundern dürfte herauszufinden, daß man manchmal hart arbeiten muß, um Dinge einfach zu gestalten. Das ist ein Widerspruch im Leben. Es ist einfach, Dinge zu erschweren, und schwer, Dinge zu vereinfachen!«

Während sie übten, schlüpfte ich hinaus zum Wagen, um den neuen Quiltrahmen herauszuholen und zusammenzubauen. »Okay, das wär's.« Ich wischte mir die Hände und trat vom aufgestellten Rahmen zurück. Ich hatte nur zwanzig Minuten benötigt. Fünfzehn Minuten des Kampfes ohne Zuhilfenahme der Anleitung und fünf Minuten nach dem Durchlesen. Die drei allwissenden Frauen, Trägerinnen uralter Überlieferungen, beobachteten mich und schüttelten mitleidig die Köpfe. Ich achtete nicht auf sie. Ich richte mich nie nach Gebrauchsanweisungen. Man kann es eine Eigenart nennen, eine jener ärgerlichen, liebenswerten Schrullen, derentwegen Jack mich so gerne aufzog. Es fing kurz nach unserer Hochzeit an, als ich versuchte, die Staubsaugertüte zu wechseln, und statt dessen die volle Tüte in die Luft und über unseren neuen Teppich geblasen wurde.

Keine Frage, woher Jennifer ihre Unbesonnenheit hat, werden Sie sagen. Natürlich könnte ich einfach Dinge »nach Vorschrift« machen, aber ich habe mich entschlossen, es nicht zu tun. Es ist ein Weg, Jack in meiner Nähe zu haben, weiterhin seine verständnisvolle Zuneigung zu spüren. Ein unsichtbares, behagliches Hemd, eines, das ich immer noch tragen kann.

Ich muß verrückt sein, das zuzugeben.
Glücklicherweise kann ich den Mädchen immer sagen, sie sollen sich »nach dem Lehrstoff und nicht nach dem Lehrer richten«. Immerhin sind wir alle auf irgendeine Weise unvollkommen und handeln nicht immer optimal. Wenn man vom Lehrer Vollkommenheit erwartet, um dem Lehrstoff Gültigkeit zu bescheinigen, dann ist man auf dem besten Weg, enttäuscht zu werden. Und wenn das dazu führt, den Lehrstoff abzutun oder abzuwerten, dann versäumt man eine gültige und wertvolle Lektion. Das ist die größte Beruhigung, die Eltern haben können: Wir können unvollkommen sein, aber unsere Kinder dennoch gut erziehen.
»Wie sieht's aus?« fragte ich sie.
»Perfekt«, sagte Susan und sah mir offenbar meine Marotte nach.
»Die einzige Schwierigkeit, die ich sehe«, sagte ich, »ist, daß wir zwei Quilts und nur einen Rahmen haben.«
»Kein Problem«, erwiderte Jennifer, als hätte sie das schon vorausgesehen. »Wir arbeiten einfach einen Terminplan aus, der die Benutzungszeit für jede von uns regelt.«
»Wir können uns abwechseln«, meinte Susan vergnügt.
»Okay«, sagte ich achselzuckend zu Grama. »Was immer ihr für das beste haltet.«
»Wo wir schon über Probleme sprechen, muß ich euch fragen: Was wißt ihr über Problemlösung im allgemeinen?« erkundigte sich Grama.
»Einer meiner Lehrer sagt immer, daß es keine Pro-

bleme gibt. Wir sollten besser von ›Herausforderungen‹ sprechen«, antwortete Susan.
»Ach, papperlapapp!« schnaubte Grama. »Diese Idee stammt von der absurden Vorstellung, daß schon die Verwendung positiver Begriffe zu positiven und kreativen Lösungen führen wird. Die werden vom Himmel fallen, vermute ich! Aber wenn du ›Herausforderung‹ sagst und ›Problem‹ fühlst, dann wird es schwierig, denn dann täuschst du dich bloß selbst und versuchst, auch andere mit deinem falschen Optimismus zu täuschen. Ich ziehe es vor, auf diese Wortspielchen zu verzichten. Ein Problem ist ein Problem. Nichts weiter. Ein Problem ist wie in der Mathematik eine Aufgabenstellung, die nach einer Lösung verlangt. Und per Definition wird davon ausgegangen, daß eine Lösung existiert. Ich glaube, es ist wichtiger, an deinen inneren Überzeugungen und Einstellungen gegenüber Problemen zu arbeiten, als hirnlos ein Wort in deinem Vokabular auszuwechseln, nur weil es gerade populär ist. Wenn du daran glaubst, daß es eine positive Lösung für jedes Problem gibt, dann wirst du sie auch finden. Aber du mußt ein Verfahren haben, um dahin zu gelangen. ›Herausforderungen!‹ Ha!«
Grama war diesmal wirklich aufgebracht. Niemand hat je behauptet, daß weise, alte Damen immer ausgeglichen und beherrscht sein müssen.
»Ist die Problemlösung ein goldener Faden?« wagte sich Susan unschuldig vor, ungeduldig auf die nächste Lektion.

»Nein, mein Schäfchen.« Grama tätschelte ihre Wange. »Es ist nur der gute alte gesunde Menschenverstand. Schaut, hier ist ein Problem für euch«, fuhr sie schroff fort. »Nehmt das Stück Papier, und zeichnet neun Punkte darauf, so:

Nun setzt eure Bleistiftspitze auf einen der Punkte. Verbindet alle neun Punkte, ohne den Bleistift anzuheben, und benutzt maximal vier Linien. Das ist zu schaffen«, versprach sie.
Die Mädchen taten, wie ihnen geheißen, und waren schnell mit ihrem Latein am Ende. Grama lehnte sich zurück und sah ihnen einige Minuten bei ihren Bemühungen zu, bis sie endlich aufgaben.
»Also dann, die Lösung sieht so aus.« Schnell zeigte Grama ihnen, wie es geht:

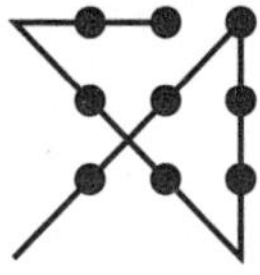

»Was hier passiert ist: Ihr habt aufgegeben. Es gab eine Lösung, aber ihr habt aufgegeben, bevor ihr sie gefunden habt. Was sagt euch das? Ich möchte ja nicht zu streng mit euch sein, aber das war ein unkompliziertes, kleines Problem. Was wird erst geschehen, wenn ihr in eurem Leben mit einem wirklich haarigen Problem konfrontiert seid?«

Die Mädchen schauten verdrossen.

»Hm«, machte Jenny.

»Die Schwierigkeit liegt darin, daß ihr angenommen habt, innerhalb des Rechtecks bleiben zu müssen, das die Punkte zu formen schienen. Das habe ich nicht verlangt. Die Lösung ergibt sich, wenn man aus dem Punktefeld herausgeht. Problemlösungen liegen oft außerhalb unserer Annahmen. Annahmen können sich fatal auf kreative Lösungen auswirken, und sich strikt an seine Annahmen zu halten ist absolut schädlich für effektives Denken. Also denkt daran, euren Geist offenzuhalten, indem ihr eure Annahmen überprüft und, wenn nötig, euren Standpunkt ändert. Sich der vorgefaßten Meinungen zu entledigen ist der erste Teil des Verfahrens.

»Okay, Grama. Also werde ich jetzt alle Computerdateien in meiner Birne löschen.« Jennifer tippte mit einem Finger an ihre Stirn. »So, mein Gehirn ist leer. Was mache ich jetzt?«

»Leute verschwenden zuviel Zeit darauf, sich auf das Problem zu konzentrieren, statt auf seine Lösung«, antwortete Grama. »Überdenkt das Problem nicht wieder und wieder. Ihr solltet zwanzig Prozent eurer Zeit und Energie darauf verwenden, das Problem zu verstehen, und achtzig Prozent auf die Lösung. Fangt damit an, daß ihr das Problem als Zielvorstellung betrachtet. Was soll eurer Meinung nach erreicht werden? Identifiziert dann das große Hindernis oder die Ursache, die das Problem geschaffen hat. Konzentriert eure Aufmerksamkeit auf die Überwindung dieses Hindernisses.«

»Wie funktioniert das, Grama? Kannst du mir ein Beispiel nennen?« fragte Susan.

»Nein. Du nennst mir eins«, antwortete sie. »Nenn mir ein Problem. Ein einfaches.«

»Wie wär's mit ... dem Hunger in der Welt. Oder dem Verschwinden des Regenwaldes. Oder ...«

»Ich sagte: etwas Einfaches«, erinnerte Grama sie.

»Das Problem, auf welches College du gehen sollst«, schlug ich vor.

»Also formuliere das hinsichtlich einer Zielsetzung«, wies Grama Susan an, die einen Moment nachdachte, bevor sie antwortete.

»Ich möchte die bestmögliche Ausbildung bekommen, damit ich unterrichten kann.«

»Welche Einschränkungen gibt es, und wie sieht die mögliche Lösung aus?« fragte Grama.

»Einschränkungen? Einige Colleges bieten keine Lehramtsausbildung an. Okay, ich verstehe. Konzentriere dich auf die Möglichkeiten«, antwortete Susan. »Aber wie?«

»Stelle Fragen. Der problemlösende Teil eures Gehirns funktioniert automatisch und wird auf alles antworten, was auch immer ihr ihn fragt. Stellt nur die richtigen Fragen. Formuliert effektive Fragen. Fragt nach dem ›Wie‹ und nicht nach dem ›Warum‹. Warum-Fragen halten euch in der ewigen Nacherzählung des Geschehenen gefangen. Sie sind statisch und führen zu Begründungen. Ihr werdet wahrscheinlich nie die Antwort auf alle Warum-Fragen, die ihr in eurem Leben gestellt habt, erfahren. Nur Gott weiß, warum. Aber ihr könnt fast immer Antworten auf die Frage nach dem ›Wie‹ erfahren. Mit Wie-Fragen bewegt ihr euch auf das Ergebnis zu. Die Antwort auf Wie-Fragen liegt üblicherweise in einer Handlung, und Lösungen erfordern Aktivität.«

»Ich habe nie darüber nachgedacht, aber es stimmt, Grama«, bemerkte Susan. »Eine Wie-Frage scheint zu beinhalten, daß du etwas tun kannst, und es geht nur darum zu entscheiden, in welcher Form.«

»Das stimmt«, bekräftigte Grama. »Deshalb ist es eine gute Idee, Fragen zu stellen, auf die es mehrere Antworten gibt, wie: ›Mit welchen Methoden – Mehrzahl – kann ich das tun?‹ Es gibt üblicherweise mehr als eine richtige Antwort auf ein Problem. Gesteht euch selbst zu, kreativ zu sein, und zieht mehrere korrekte Antworten in Betracht, bevor ihr euch für diejenige entscheidet, die der Situation am angemessensten ist.«

»Dann müßt ihr das Denken nicht einstellen, nur weil euch eine erste richtige Antwort eingefallen ist«, fügte ich hinzu.

»Wie in der Politik«, bemerkte Jennifer.

»Was meinst du damit?« fragte Susan.

»Nun, das ganze Land steht vor den gleichen sozialen und wirtschaftlichen Problemen, aber alle Kandidaten und jede Partei scheinen ihrer Meinung nach die richtige Antwort zu haben. Vielleicht ist die Wahrheit, daß sie alle richtig sind. Jede Antwort würde funktionieren, wenn sie nur aufhörten zu streiten, übereinkämen zusammenzuarbeiten und sich an die Arbeit machten.«

»Das ist wirklich ein gutes Beispiel«, lobte ich ihre Sichtweise.

Grama nickte. »So ist es. Nachdem ihr Wie-Fragen gestellt habt, wird euer Gehirn mit einigen Möglichkeiten aufwarten. Also versucht etwas. Wenn es nicht klappt, versucht etwas anderes. Seht ihr, es ist alles schlichter gesunder Menschenverstand, nicht wahr?«

Grama hob resigniert die Hände. »Und natürlich, wie schon der Schriftsteller Richard Needham bemerkte, ›haben die Menschen sehr viel gesunden Menschenverstand, weil die meisten ihn nicht benutzen!‹«

An diesem Punkt mischte ich mich ein. »Sehr oft stoppen Leute ihren Fluß kreativer Antworten, weil sie denken, daß das Wort ›Problem‹ automatisch irgend etwas Negatives bedeutet. Denkt daran, daß ein Problem ebenso wie ein Mißerfolg oder irgendein anderes Ereignis weder positiv noch negativ ist. Es ist unerheblich, ob ihr eine Situation für gut oder schlecht haltet. Es erheitert mich immer, wenn die Leute über kleinere Vorfälle im Leben wie rote Ampeln an Kreuzungen schimpfen. Sie klingen, als habe die ganze Welt es darauf abgesehen, sie persönlich und absichtlich zu brüskieren. Eine rote Ampel ist bloß ein Ereignis. Ein Problem ist bloß etwas, das geschieht. Deswegen kann ein

Problem je nach Ansicht positiv oder negativ auf euch wirken.«

»Also sei ver-antwort-lich und entscheide, wie du antworten willst«, erinnerte sich Susan. »Es ist erstaunlich, wie diese Verantwortung in alles, was wir im Leben tun, hineinwirkt. Wenn Probleme oder Mißerfolge nur unsere Einschätzung widerspiegeln, dann können wir uns dafür entscheiden, sie als aufregende Chancen anzusehen.«

»Richtig, das ist meine übliche Einstellung. Ich habe mich dafür entschieden, Probleme aufregend zu finden, für eine Chance, kreativ zu werden«, antwortete ich.

»Ich persönlich glaube, daß Eigenwilligkeit hilft«, sagte Grama und lachte über sich selbst. »Ich finde geradezu ein perverses Vergnügen daran, ein Problem zu lösen, ganz besonders dann, wenn man es mir nicht zutraut.«

Grama und ich hatten uns darauf geeinigt, der Natur für eine Weile ihren Lauf zu lassen und zu beobachten, wohin das Jennifer und Susan führen würde.

In der ersten Woche erwies sich die Planung ihrer Quiltzeiten als Desaster. Es gab Zeiten, da beide freihatten und an den Quiltrahmen wollten. Dann gab es Zeiten, da beide beschäftigt waren und jede darauf bestand, die andere möge den Platz am Rahmen einnehmen. Sobald sie einen Terminplan erstellt hatten, geschah es, daß eine von ihnen wegen unabsehbarer Schwierigkeiten tauschen mußte.

»Ma, was sollen wir tun?« jammerte Susan, als ich in eine erhitzte Debatte hineinplatzte. Als Mutter von zwei Töchtern bin ich gewohnt, als letzte Instanz hinzugerufen zu werden.

»Wir versuchen, effizient zu sein, wie Grama sagte. Ein Terminplan schien die beste Antwort zu sein. Aber es funktioniert nicht«, beklagte sich Jennifer.

»Laßt uns zum Grundlegenden zurückgehen«, half ich.

»Wie lautet das Problem bezüglich eurer Zielvorstellung?«

»Ich möchte meinen Quilt fertigbekommen«, antwortete Jennifer.

»Und deine Zielvorstellung?« fragte ich Susan.

»Ich auch. Meinen Quilt fertigbekommen«, antwortete sie.

»Beide Quilts, richtig?« fuhr ich fort.

»R-r-richtig«, antworteten sie vorsichtig.

»Welches ist das wichtigste beziehungsweise das größte Hindernis bei dem Problem?«

»Der Mangel an Zeit, die Arbeit durchzuführen, glaube ich«, schlug Jennifer vor.

»Und wie sehen die Wege aus, die es ermöglichen, die Arbeit zu beenden? Wenn der eine nicht funktioniert?« half ich nach.

»Versuch's mit einem anderen«, nickte Jennifer argwöhnisch.

»Und?« drängte ich.

»Verwende achtzig Prozent deiner Konzentration auf die Lösung«, erinnerte sich Susan.

»Gut. Beide Quilts. Zeit. Alternativen. Ich sehe euch beim Abendessen«, sagte ich und ging zur Tür.

»Ist das alles, was du uns zu sagen hast?« wollten sie enttäuscht wissen.

»Für den Augenblick«, versprach ich.

Aus dem Wohnzimmer drang Gelächter, als ich zurückkehrte. Ich fand Jennifer und Susan an den gegenüberliegenden Seiten des Rahmens sitzend vor, beide beim Nähen und beide breit grinsend wie Honigkuchenpferde.

»Leute, ihr seht aus, als wärt ihr sehr zufrieden mit euch«, sagte ich. »Was ist los?«

»Wir haben eine Lösung gefunden. So wie du es vorausgeahnt hast«, sagte Jennifer lachend. »Wir haben eingesehen, daß wir eine Menge Zeit sparen, wenn wir beide an beiden Quilts arbeiten. Wir haben uns für einen wöchentlichen Wechsel entschieden. Wir lassen einen Quilt für eine Woche auf dem Rahmen, und wer dann Zeit hat, wird daran arbeiten, egal, wann. Manchmal werden wir beide gleichzeitig daran arbeiten. In der folgenden Woche arbeiten wir dann am anderen Quilt«, erklärte sie.

»Es müßte so hinkommen, daß wir beide fast gleichzeitig fertigkriegen«, ergänzte Susan. »Es ist egal, an welchem Quilt wir arbeiten. Wir werden beide fertigstellen. Auf diese Weise arbeiten wir als Team und sparen darüber hinaus noch die Zeit, die wir dafür bräuchten, jedesmal einen Quilt in den Rahmen zu spannen und wieder abzunehmen, wenn wir ein wenig arbeiten wollen.«

»Das klingt gut. Ihr habt eine echte ›Gewinn-Gewinn‹-Lösung gefunden. Ich bin froh. Kooperation ist immer der beste Weg«, lobte ich sie.
»Was meinst du mit ›Gewinn-Gewinn‹?« wollte Susan wissen.
»Das ist ein Verhandlungsbegriff«, erklärte ich. »Die meisten Leute gehen mit einer sogenannten Gewinn-Verlier-Mentalität in Verhandlungen. Sie möchten ihre Punkte durchsetzen, was folglich bedeutet, daß die andere Seite verlieren muß. Das ist Konkurrenzdenken. Es beinhaltet, daß die stärkere oder bessere Seite die andere bezwingt. Das Problem dabei ist, daß derjenige, der verliert, die Abmachung letztlich nicht akzeptiert, was öfter damit endet, daß er sie nicht einhält. Das geschieht bei Geschäften und in der Politik ständig.
Die ›Gewinn-Gewinn‹-Strategie erlaubt es beiden Parteien, ein gleichwertiges oder sogar besseres Ergebnis zu erzielen. Wenn beide Seiten das Gefühl haben, gewonnen zu haben, dann besteht eher die Wahrscheinlichkeit, daß sie ihre Abmachung einhalten. So handelt man auf kooperative Art.«
»Gewissermaßen ein Kompromiß.«
»Richtig«, bestätigte ich Susan.
»Ma, wir glaubten zu kooperieren, indem wir einen fairen Terminplan erstellten. Was war falsch daran?« fragte Jennifer.
»Ihr hattet die Absicht, miteinander zu kooperieren, und das bedeutet, daß ihr im Umgang mit Problemen den meisten Leuten weit voraus seid. Wie ich es sehe,

lag die Schwierigkeit darin, daß ihr beide von der Voraussetzung ausgegangen seid, das Ziel sei nur die Fertigstellung eures eigenen Quilts. Deshalb wart ihr nur darauf vorbereitet, die Vorstellung des anderen auf dem Wege zum Ziel gereizt zu tolerieren.«

»Das ist ganz schön eigennützig«, bemerkte Susan.

»Mh-hmh«, stimmte ich ihr zu. »Als euch klar wurde, daß es darum ging, beide Quilts fertigzustellen, wart ihr bereit, andere Ideen in Betracht zu ziehen, so wie die Arbeit am jeweils anderen Quilt. Ihr wußtet, daß die andere Person auch an eurem arbeiten und somit alles getan würde«, analysierte ich. »Ihr habt euch die Synergie zunutze gemacht. Das heißt, daß die zusammenwirkende Kraft eurer Handlungen zu einem besseren Ergebnis führt als die Summe eurer individuellen Kräfte. Ihr seid bereit, Zeit und Mühe in den Quilt eurer Schwester zu investieren und wußtet, daß sie sie auch in euren investieren würde. Ich bin froh darüber, denn diese Art der Kooperation und Synergie ergibt sich nur, wenn gegenseitiges Vertrauen besteht.«

»Du meinst, daß wir darauf vertrauen, daß jede am anderen Quilt arbeitet und so sorgfältig näht wie am eigenen?« fragte Susan.

»Ja.« Ich nickte.

»Aber Ma, wir sind doch Schwestern. Wem sollen wir denn sonst vertrauen?« rief Susan aus.

»Ja, genau«, stimmte Jennifer ihr zu.

»Ja, genau. Euch selbst«, verkündete ich scherzhaft. »Seid ihr es nicht gewesen, die ich vor ein paar Stunden in einer erhitzten Debatte darüber verlassen habe, wer jetzt mit dem Quilten dran ist?«

»Ja, okay, und ich glaube, ich verstehe, was du mit Synergie meinst«, sagte Jennifer. »Aber Ma, warum hat es nicht funktioniert, als wir effizient sein wollten?«

»Effizienz«, erklärte ich, »funktioniert nur im Zusammenhang mit dir selbst und deinen Handlungen. Du kannst andere Leute nicht effizient machen, außer wenn du erwartest, sie wie Maschinen programmieren zu können. Wenn jemand anderes mit einbezogen ist, dann mußt du in Begriffen der Effektivität denken. Wenn du alle menschlichen Faktoren mit einbeziehst, mag es nicht effizient, dafür aber effektiv sein. Effektivität bedeutet, daß du schließlich ein Resultat erzielst, mit dem jeder zufrieden ist. Das kann länger dauern, ist es aber wert. Du kannst ein Beispiel aus der Geschäftswelt heranziehen«, schlug ich vor. »Um der Effizienz willen könnte eine Firma einen Computer installieren lassen, weil er schneller arbeitet als Menschen. Wenn das aber bedeutet, daß Menschen ihre Arbeit verlieren und auf Arbeitslosenhilfe angewiesen sind, dann ist das, langfristig gesehen, keine effektive Lösung für die Gesellschaft. Ich bin nicht gegen Computer oder Maschinen an sich, solange wir daran denken, daß Menschen Arbeit zum Überleben brauchen. Sie benötigen eine sinnvolle Arbeit, um ihrer Existenz Wert zu verleihen. Manchmal verlieren wir die Tatsache aus den Augen, daß die Menschen wichtig sind und nicht die Systeme. In unserem überstürzten Streben nach maschinengleicher Effizienz haben wir die menschliche Effektivität vergessen. Erinnere dich daran, Effizienz wird immer an der Zielsetzung gemessen. Wie der Spruch schon sagt: ›Wenn man bis zum Hals zwischen Alligatoren steckt, dann fällt es einem schwer, sich daran zu erinnern, daß man eigentlich den Sumpf trockenlegen wollte.‹ Wir haben die Zielsetzung vergessen. Effizienz sollte das Leben der Menschen vereinfachen. Sie sollte die Lebensqualität steigern. Wenn du das effizienteste weltweite System erschaffst, das alles für dich tut, die Menschen dabei aber verkümmern und im Inneren verdorren, weil sie keinen Sinn mehr in ihrem Leben sehen, dann ist das alles umsonst.

So, das war wieder einmal eine Ansprache an das Volk – verzeiht, daß es mit mir durchgegangen ist. Aber um auf euer akutes Problem zurückzukommen: Ich bin stolz auf euch beide. Ihr habt euch wirklich zu Herzen genommen, was Grama euch über die ersten sechs goldenen Fäden zum Erfolg beigebracht hat: Verpflichtung, Zielsetzung, Planung, Qualitätsarbeit, Verantwortung und Lernen. Bis jetzt haben alle diese Lektionen eure Werte und eure individuelle Reife einbezogen. Ich würde es als Formung des Charakters bezeichnen. Das Lernen verlief parallel für euch beide, aber es fand alles in euch selbst statt. Wie ihr bereits wißt, muß dort der Erfolgsprozeß in Gang gesetzt werden – in euren inneren Überzeugungen und Einstellungen.

Weil ihr zwei Quilts habt, aber bloß einen Quiltrahmen, hat das Ganze eine neue Dimension gewonnen. Es war das erste Mal, daß das Erreichen eures Ziels Berührungspunkte mit anderen voraussetzte und soziale Fähigkeiten von euch verlangte. Das ist der nächste Schritt: lernen, mit anderen Menschen zu arbeiten. Wie ihr eure Außenbeziehungen zu anderen gestaltet, wird immer den Charakter, den ihr geformt habt, und eure Überzeugungen widerspiegeln.

Es ist zu schade, daß Grama an dieser Diskussion nicht teilnehmen kann. Wenn sie hier wäre, würde sie euch sagen, daß Kooperation ihr siebter goldener Faden ist. Wir sprachen letzte Woche am Telefon miteinander, und sie sah voraus, was als Nächstes geschehen würde. Wir beschlossen abzuwarten, um zu sehen, ob ihr es für euch selbst herausfinden würdet. Und das habt ihr. Kooperation ist eine behutsame und effektivere Vorgehensweise. Kooperation und Synergie bedeuten beide, zusammenzuarbeiten. Mehr kann ein Individuum allein nicht erreichen. Paradoxerweise werden größere Erfolge für ein Individuum durch Teamarbeit möglich gemacht.«

»Was meinst du damit, Ma?« wollte Susan wissen.

»Erinnert ihr euch an den America's Cup von 1979? Captain Dennis Conner bezeichnete den Erfolg bei dieser Segelregatta galanterweise als den Verdienst der Crew. Aber er war es, der weise genug war, von Anfang an die richtige Mannschaft auszusuchen. Weil Wettkampfsegeln in Sekundenbruchteilen zeitlich koordinierte Manöver erfordert, hat er seine Crew nicht aus erfahrenen Seglern rekrutiert, die wegen ihrer Erfahrung von Natur aus dazu neigen, selbständig zu handeln. Statt dessen hat er sich für ein Team von Skullern oder Ruderern entschieden, die im Mannschaftsrudern und im synchronen Zusammenwirken trainiert waren, um die größte Wirkung zu erzielen. Der Sieg ging nicht an ein Team aus Champions, sondern an ein Championteam.«

»Was für eine tolle Story! Nicht ein Team aus Champions, sondern ein Championteam!« begeisterte sich Jennifer.

»Stimmt«, fuhr ich fort, »und wenn du aus dem Teil in dir heraus handelst, der an Kooperation glaubt, dann wirst du automatisch nach Gewinn-Gewinn-Lösungen Ausschau halten.«

»Gewinn-Gewinn ist der ultimative Teamsport!« rief Susan aus.

»Bei näherer Betrachtung können wir herausfinden, was eine Gewinn-Gewinn-Lösung ausmacht. Was glaubt ihr?« wollte ich wissen.

»Offenbar braucht man eine klares Ziel, bei dem beide Seiten das bekommen, was sie wollen oder benötigen«, antwortete Jennifer. »Wir beide wollen unsere Quilts fertigstellen.«

»Wie willst du es bewerkstelligen, daß die andere Seite bekommt, was sie will?«

»Ich schätze, du mußt dich um sie kümmern und gewillt sein, dir ihre Bedürfnisse anzuhören«, antwortete Susan.

»Kommt euch das irgendwie bekannt vor?«

»Klingt ähnlich wie das, was wir vorher über qualitativ hochwertigen Kundenservice gesagt haben«, schlug Jennifer vor.

»Hm«, erwiderte ich mit einem Kopfnicken und wartete.

»Ja, hhmmm«, lächelte Jennifer und nickte ebenfalls. »Service. Jede Arbeit ist Service. Service ist gleich Belohnung. Beziehe deinen Kunden, jeden, in dein Team mit ein, und auf geht's zum Gewinn-Gewinn!« Jennifer ballte die Faust und hob den Daumen.

»Toll. Okay, wie stellst du nun sicher, daß auch du bekommst, was du willst?« fuhr ich fort.

»Teile dich in aller Klarheit und Ehrlichkeit mit«, erwiderte sie.

»Gut. Gibt es noch etwas, das Gewinn-Gewinn möglich macht?«

»Jede Seite muß sich in bezug auf die Arbeitsweise, die Erwartungen, die in die Leistung und die Ergebnisse gesetzt werden, einigen«, sagte Susan und fügte schnell hinzu, »und alle müssen mit der Zusammenarbeit einverstanden sein.« Sie deutete auf den Quilt. »Wir müssen auch an dem anderen Quilt so sorgfältig nähen, als wäre es unser eigener. Wie du schon selbst sagtest, du mußt bereit sein, in das Ergebnis eines anderen zu investieren.«

»Großartig.«

»Das ist richtig«, fuhr Jennifer fort. »Und da wir ja wissen, daß wir eine Verpflichtung eingegangen sind, können wir auf gegenseitige Fairneß vertrauen und auch darauf, daß wir uns die Interessen der anderen Person zu Herzen nehmen.«

»Genau! Vertrauen ist von allergrößter Wichtigkeit. Ohne Vertrauen gibt es keine Verpflichtung, und ohne Verpflichtung gibt es keinen Gewinn-Gewinn!« beglückwünschte ich beide.

»Also sind wir im Kreis gelaufen und wieder bei Gramas erstem goldenen Faden, der Verpflichtung, angelangt«, bemerkte Jennifer. »Sie sagte, es gibt zwölf goldene Fäden. Was kann denn da noch kommen?«

»Ich schätze, wir werden abwarten müssen«, antwortete ich lächelnd – ein geheimnisvolles Lächeln, wie ich hoffte.

Die Mädchen schüttelten die Köpfe und fingen wieder an, sorgfältig an ihrem Quilt zu nähen. Ich beobachtete sie für einige Minuten und sagte dann: »Grama wird eure altmodische Lösung lieben.«

»Ich dachte, Gewinn-Gewinn wäre der neueste Trendbegriff in der Wirtschaftsliteratur. Was meinst du also mit ›altmodisch‹?« Jennifer war erstaunt.

»Nun, schaut euch selbst an, ihr Mädels habt eben das Quilting-Bee, das gemeinschaftliche Quilten, wieder erfunden!« Ich lachte.

Sie blickten von ihrer Arbeit auf, schauten einander verdutzt an und brachen in Gelächter aus.

»Du hast recht, Ma, so wie Grama und die Damen vor Jahren auf der Farm an einem Quiltrahmen. Hier sitzen wir genau wie sie und nähen!« rief Susan aus.

»Und teilen uns die Arbeit«, fügte Jennifer hinzu.

»Und mit ihnen«, fuhr ich fort, »hat niemand je eine Studie über das Verhältnis von Zeitaufwand und Leistung durchgeführt. Keine der Frauen hatte ein Management-Training absolviert. Trotzdem haben sie durch die Geschichte hindurch ganz selbstverständlich kooperative Arbeit angestrebt, um das Leben für alle zu verbessern und es zu genießen, an einem gemeinsamen Ziel zu arbeiten. Kooperation ist ein Ausdruck unserer besten menschlichen Eigenschaften. Ich glaube, Frauen fühlen sich diesem Prinzip fest verbunden.«

»Ganz schön clever von ihnen, stimmt's?« meinte Jennifer.

»Ganz schön effizient«, deutete ich an.

»Ganz schön effektiv«, korrigierte Susan. Wir sahen uns alle an und brachen dann in Gelächter aus.

Goldener Faden Nr. 7
Kooperiere

MAI

Sie kann es doch

Ich weiß nicht, ob es einfach die Kraft des Spätfrühlings oder die Freude auf das kommende warme Wetter war, was meine Quilting-Bienen zum Summen brachte. Jennifer und Susan hatten trotz zerstochener Finger und schmerzender Schultern Spaß an ihrer Arbeit. Ich sah sie öfter allein dasitzen und quilten, während der Fernseher lief oder das Radio spielte, Jennifer bei Popmusik und Susan bei Mozart.

Ebensooft jedoch fand ich alle beide am Quiltrahmen vor, verbunden durch die gemeinsame Arbeit. Ich bekam auch Gesprächsfetzen mit, Gelächter, Debatten über Rock und klassische Musik, über Männer und so fort. Da es sich so ergab, daß sie stundenlang einander zugewandt waren, konnten sie es nicht vermeiden, miteinander zu reden.

Komischerweise kommunizierten sie wirklich miteinander, sie hörten einander zu, diskutierten, versuchten, sich zu verstehen, lachten, hatten Spaß und lernten aus ihrer Unterschiedlichkeit, angenehm überrascht über das, was sie über den Fremdling, ihre eigene Schwester, herausfanden. Einen Aspekt ihrer Lektion über Problemlösung beachtend, hatten sie ihre gegenseitigen Vorurteile aufgegeben; sie hatten ihre Herzen geöffnet, um die Schwester so zu sehen, wie sie wirklich war.

Ich mußte an die Präzessionstheorie des Ingenieurs Buckminster Fuller denken. Auf das Leben übertragen besagt sie, daß, während wir uns im Laufe unseres Lebens auf ein erklärtes Ziel bewegen, unsere wahren Absichten dennoch unentdeckt bleiben können. Ohne daß wir es bemerken, können sie abseits der eingeschlagenen Richtung liegen. Das Beispiel der Honigbiene drängt sich auf. Die Biene reist zur Blume, ihrem Ziel, und denkt, daß ihre Absicht in der Honiggewinnung liegt. In einem größer angelegten Plan jedoch dürfte ihre wahre Aufgabe darin bestehen, Blüten mit Pollen zu bestäuben. Die Biene weiß das nicht. Unsere wahre Aufgabe herauszufinden kann eine lebenslange Herausforderung sein. Auch wir können in dem Glauben, wir müßten uns nur um uns selbst sorgen, von Blume zu Blume wandern; doch tatsächlich streuen wir dabei andauernd Saatgut und erschaffen so einen Garten. Wir müssen nur über unsere Schulter zurückblicken, um die Blüten zu sehen.

Ganz unerwartet erhielten Jennifer und Susan ein Geschenk: Sie lernten sich gegenseitig kennen – ein Nebeneffekt zu dem augenscheinlich angestrebten Ziel, einfach die Quilts fertigzustellen. Die Hingabe an die

Arbeit ließ sie Vorzüge ernten, die »in gewöhnlichen Stunden unvorhersehbar« waren, wie Emerson schrieb.

»Susan wird eine großartige Lehrerin«, sagte Jennifer mit Nachdruck. »Ma, ich muß dir und Grama erzählen, was letzten Sonnabend passiert ist. Susan hat auf Lisabeth aufgepaßt. Das ist die vierjährige Tochter unserer Nachbarin, Mrs. Martelli. Als ich nach Hause kam, entdeckte ich beide im Wohnzimmer am Quiltrahmen. Lizzie hockte auf einem Telefonbuch. ›Was treibt ihr da?‹ fragte ich, und Susan antwortete: ›Lizzie hilft mir beim Quilten.‹ ›Sie kann nicht quilten, sie kann doch noch nicht einmal nähen‹, sagte ich. ›Sie kann es doch. Schau nur‹, erwiderte Susan und erklärte dann, daß Lizzie helfen wollte und sie ihr gezeigt habe, die Fäden in die Nadeln einzufädeln. Unter strenger Aufsicht natürlich. Es hat lange gedauert, bis Lizzie einen eingefädelt hatte, aber ihr wißt ja, wie konzentriert Vierjährige sein können. Wenn Lizzie mit dem Einfädeln in eine Nadel fertig war, war auch Susan bereit. Lizzie deutete auf ›ihre‹ Stiche, wo ›ihr‹ Faden war, ein kleines Mädchen mit ziemlichem Stolz, sag ich euch. Ist das nicht süß?« schloß Jennifer.

»Ja, und es ist richtig«, erwiderte Grama. »Es gibt für jeden eine Möglichkeit, sich zu beteiligen. Manchmal ist kreatives Denken nötig, um einen Weg zu finden, aber es gibt immer eine Rolle für jeden.

Also, wenn ihr über euer Quiltprojekt nachdenkt, dann gibt es viele verschiedene Komponenten, die alle für das

Ganze wichtig sind. Die Quiltoberseite ist künstlerisch und attraktiv und anziehend für das Auge. Die Rückseite verleiht Stabilität. Und sogar zwischen den Lagen sorgt die unsichtbare Füllung für die notwendige Qualität, damit die Wärme gespeichert wird. Die Steppnähte halten alles zusammen und verleihen dem Quilt seine typischen Eigenschaften.

Und so ist es auch mit den Menschen. Jeder hat seine Rolle zu spielen. Sogar die unsichtbaren Aufgaben, das Wirken hinter den Kulissen, sind für das Gesamtwerk notwendig. Also gibt es kleine Aufgaben für kleine Leute und größere Aufgaben für große Leute.

Seht ihr, einen Beitrag zu leisten ist ein Weg, sich zugehörig zu fühlen. Wir müssen alle das Gefühl haben, irgendwo dazuzugehören, das Gefühl, daß wir wichtig sind. Jemand, der zu etwas beiträgt, fühlt sich wichtig und nützlich. Er fühlt sich eingebunden. Wie es in der Bibel schon heißt: Geben ist seliger denn nehmen, wenn du ›seliger‹ im Sinne von ›sich gut fühlen‹ auslegst.

Dadurch, daß wir eine Veränderung bewirken, schaffen wir uns das Gefühl, einen Lebenszweck zu haben.«

»Also könnte das Leisten eines Beitrages – trage zu etwas bei, und bewirke eine Veränderung – wohl der goldene Faden Nummer acht sein, richtig?« kam Susan Grama zuvor.

»Stimmt«, fuhr Grama fort. »Es gibt viele Ebenen, auf denen man etwas beitragen kann. Je erfolgreicher du im Sinne des Geleisteten bist, desto größer kann und sollte dein Beitrag sein. Wenn wir in einem Bereich erfolgreich sind, dann sind wir verpflichtet, uns umzudrehen und es auf irgendeine Weise zurückzugeben, um jemand anderem auch zum Erfolg zu verhelfen.

Die Abgabe des ›Zehnten‹ entspricht diesem Konzept. Es bedeutet nicht einfach, daß man einer kirchlichen Einrichtung oder einem Wohltätigkeitsverein Geld gibt. Es bedeutet, in einer Weise zu arbeiten, die sicherstellt, daß alle anderen auch zum Erfolg kommen. Indem wir mit unserer Arbeit einen gesellschaftlichen Beitrag leisten und durch zwischenmenschliche Beziehungen im Leben anderer Veränderungen bewirken, können wir den Erfolg und den Überfluß, den wir erfahren haben, zurückzahlen.

Dieser Beitrag ist gleichzusetzen mit einer Serviceleistung oder einem Höchstmaß an Arbeit. Erinnert euch daran, daß die Belohnungen, die wir im Leben erfahren, in direktem Verhältnis zu dem Service stehen, den wir erbringen. Um es aus einem anderen Blickwinkel zu betrachten, der Service ist der Preis, den wir für den Platz, den wir im Leben einnehmen, entrichten«, schloß sie.

Jenny war still geworden, eine nachdenkliche, aber unübliche Reaktion für sie. Ich konnte fast hören, wie sie dachte, daß dies zu sehr wie das Gelübde der Armut klang. Ich glaube, das Dilemma aus ihrer Sicht lautet folgendermaßen: Strebe ich Geld und weltlichen Erfolg an oder einen bedeutungsvollen, aber möglicherweise unbezahlten Seelenfrieden?

Susan hat es leichter. Sie ist einer jener glücklichen

Menschen, die schon immer gewußt haben, was sie tun wollen. Sie möchte unterrichten. Sie ist die Nachdenkliche, die sich immer über ihre Absichten im klaren gewesen ist. Ich habe andere Bedenken, was sie angeht, weil sie so ruhig und schüchtern ist und es ihr im sozialen Umgang außerhalb unseres Familienkreises an Selbstvertrauen fehlt; aber ich habe mir nie über ihre Überzeugungen und ihren Lebensweg Sorgen machen müssen.

Jennifer dagegen ist in der Familie tonangebend. Und deshalb bekommt sie einen unverhältnismäßig hohen Anteil an Aufmerksamkeit und »Sendezeit«. Sie hat sich jahrelang mit ihrem Lebensweg auseinandergesetzt und öfter ihre Meinung geändert. Ihre Berufswünsche variierten häufig von Monat zu Monat. Für ein Kind ihrer Generation ist der Erfolg in Form von schnellem Geld und Macht ein guter Köder. Ruhigere Augenblicke der Auseinandersetzung mit ihrem Innenleben bringen die Wertefundierung ihres Charakters ans Licht, der darum kämpft, sich mit den materiellen Zielen zu versöhnen. Mehrere Plauderrunden zur nächtlichen Stunde haben ihre widersprüchlichen und scheinbar unvereinbaren Wünsche offenbart.

Als ich mich wieder der Unterhaltung zuwandte, fuhr Grama mit ihren Gedanken fort.

»Ihr kennt doch den Spruch: ›Wie man in den Wald hineinruft, so schallt es heraus‹?« Die Mädchen nickten bejahend. »Das hat so einen Beiklang von ›Alles rächt sich‹, findet ihr nicht? Er gibt zum Ausdruck, daß wir ernten werden, was wir gesät haben. Ich denke, das hat auch eine tiefere Bedeutung. Ich glaube wirklich daran, daß das Leben mit ehrlichem Bemühen belohnt. Je mehr du gibst, desto mehr bekommst du zurück, und desto mehr hast du zu geben.«

Grama ließ Susan und Jenny eine Minute Zeit zum Nachdenken, bevor sie fortfuhr: »Das meiste, was wir im Leben tun, tun wir für uns selbst. Wir sind damit beschäftigt, für unseren Lebensunterhalt zu arbeiten, eine Familie zu gründen, Freunde zu suchen, Sport zu treiben, Urlaub zu machen, und so weiter. Indem wir einen Beitrag der Selbstlosigkeit leisten, schaffen wir dafür einen Ausgleich. Alles braucht ein Gegengewicht. Licht und Dunkelheit. Sommer und Winter. Yin und Yang. Für all unsere selbstsüchtigen Bestrebungen brauchen wir ein ausgleichendes Maß an Selbstlosigkeit. So bleibt unser Leben im Gleichgewicht.«

»Siehst du, Jenny, du könntest herausfinden, daß es sich letztendlich nicht einfach um eine Entweder-oder-Situation handelt«, erklärte ich. »Du bist nicht unbedingt gezwungen, zwischen einem sinnvollen Leben und einem konfortablen Leben zu wählen, oder zwischen Sinnfindung und Materialismus.«

»Aber wie kann man beides miteinander verknüpfen?« Jenny hatte zu kämpfen.

»Denk noch einmal an deinen Quilt«, erklärte ich. »Denk, wenn du willst, über das Wesen des Quiltens nach. Ein Quilt erfüllt einen Zweck, richtig? Er kann die nützliche Funktion haben, eine Person warm zu

halten. Ein Quilt hat durch sein Design aber auch eine ästhetische, gefällige Seite. Beide Aspekte sind miteinander verwoben und ausbalanciert.
Wenn du dem Quilt oder deinem Leben seinen Sinn nimmst, bleibt dir nichts als Künstlichkeit ohne Gehalt. Wenn du dem Quilt seine angenehmen und ästhetischen Qualitäten nimmst, wird er flach, farblos und verliert seine spirituelle Kraft. Kannst du dem zustimmen?«
Jennifer nickte bedächtig. »Ich glaube, ich verstehe, was du sagst. Ich habe mir im Leben Ziele zu setzen, die beides berücksichtigen. Ich muß Arbeit leisten, die einen Wert hat oder Sinn macht, weil sie eine Veränderung bewirkt. Dennoch sollte ich auch Arbeit leisten, die mir Spaß macht und meinen Talenten förderlich ist.« Sie nickte noch einmal nachdenklich. »Mir gefällt die Vorstellung, daß der Erfolg darin besteht, auf ein Ziel hinzuarbeiten, und nicht das Erreichen des Zieles selbst. Und daß es okay ist, wenn man das Drumherum auch noch will.«
Ich nickte.
»Wenn ich dich und Grama richtig verstehe, soll ich in meinem Beruf und auch in meinem Leben nicht darauf abzielen, Geld zu verdienen, sondern darauf, eine Veränderung zu bewirken. Die Belohnung ergibt sich dann ganz von selbst aus dem geleisteten Service, sofern ich im Einklang mit meinen Wertvorstellungen, meinen Interessen und meinen Talenten handele. Diese Übereinstimmung zwischen meinen Taten und meinen

Wertvorstellungen wiederum ist der Schlüssel zum Glück, zum Erfolg und zum Seelenfrieden. Ich kann Zielstrebigkeit und Vergnügen im Gleichgewicht halten«, nickte sie abschließend und zufrieden.

»Stimmt! Das ist die richtige Art, es anzugehen«, ermutigte ich sie.

»Toll, jetzt, wo ich das Wie entworfen habe, muß ich mir nur noch im Detail über das Was Gedanken machen«, sagte sie lächelnd.

Einige Wochen später kam Jennifer auf mich zu. »Ma, ich hätte gern gewußt, was du über die neuen Ziele denkst, die ich mir gesetzt habe.«

»Großartig! Erzähl mir davon.«

»Nun«, sie stockte und holte Atem. »Okay, wir haben über einige mögliche Pläne gesprochen, und ich habe um die Versetzung in die Kundendienstabteilung gebeten. Innerhalb der nächsten fünf Jahre möchte ich die Leiterin dieser Abteilung werden. Ich weiß, daß du dich fragst, warum ich Abteilungsleiterin werden will. Du denkst wahrscheinlich, wegen des höheren Gehaltes, des Status und alledem. Das ist ein Aspekt, aber der andere Grund ist der, daß ich auf diese Weise Leute für einen besseren Kundenservice ausbilden kann. So kann ich eine Veränderung bewirken. Mir macht es wirklich Spaß, Menschen zu helfen, und ich glaube, daß ich es gut kann.

Ich habe auch daran gedacht, an der örtlichen High-School einen Grundkurs in Finanzplanung anzubieten,

um einiges von dem Gelernten weiterzugeben. Um einen Beitrag zu leisten.« Sie war verlegen. »Klingt das zu edelmütig?«
»Klingt sehr viel besser als der Wunsch, eine Million Dollar zu machen, nur damit du dir eine Ranch in Colorado kaufen kannst«, versicherte ich ihr. »Ich denke, deine Zielvorstellung hört sich gut an, und laß mich wissen, wenn ich dir irgendwie helfen kann.«
»Nun, ich würde gerne wissen, was du von meinem Fünfjahresplan hältst. Ich muß einige Fortbildungskurse besuchen und mir Führungstechniken aneignen. Hier, ich habe alles aufgeschrieben.« Sie zog Papiere aus ihrer Handtasche. »Ich habe es zur Erinnerung immer dabei.«
»Ein Plan! Ich bin beeindruckt!« Ich umarmte sie, und wir setzten uns hin, um ihre neue Lebensplanung im einzelnen zu bereden.
Einige Küken fallen aus dem Nest, einige springen. Egal, wie sie es verlassen, sie müssen fliegen oder sterben.

Goldener Faden Nr. 8
Trage zu etwas bei, und bewirke eine Veränderung

JUNI

Langeweile macht sich breit

Seit Wochen schon summen meine »Bienen« um die beiden Quilts. Zuerst fanden sie jeden Tag Zeit, auch wenn es bloß ein paar Minuten waren, und die Arbeit ging Schritt für Schritt voran. Die anfängliche, auf das Erlernen des Quiltstiches verwandte Aufmerksamkeit zahlte sich aus, ihre Stiche wurden kürzer, gerader und gleichmäßig. Sie waren mit ihren neu erworbenen Fähigkeiten zufrieden und auch mit den Ergebnissen, als die feinen Quiltmuster sich zunehmend ausbreiteten. Sie waren sehr bald in der Lage, schneller zu arbeiten, und die Nähbewegungen wurden natürlicher und selbstverständlicher.

Nach einer Weile war nicht mehr die gleiche Konzentration erforderlich, und das Interesse der Mädchen ließ, wie Sie sich vorstellen können, nach. Die Größe der noch zu bearbeitenden Fläche nahm paradoxerweise bedrohliche Ausmaße an. Raum und Zeit sind relativ. Einstein hat die Relativität der Zeit einmal so erklärt: Wenn man eine Stunde lang mit einem hübschen

Mädchen spricht, kann einem das so kurz wie eine Minute vorkommen, aber wenn man eine Minute lang auf einem heißen Ofen sitzt, kann einem das wie eine Ewigkeit erscheinen. Susan und Jennifer war das Projekt zu einer lästigen Aufgabe geworden, weil sich Langeweile breitgemacht hatte. Angesichts der Eintönigkeit der Arbeitsvorgänge sank ihre Begeisterung, und sie verbrachten weniger Zeit damit, so daß der Fortschritt sich verlangsamte.

»Nun, wie geht es mit dem Quilten voran, Mädchen?« fragte Grama am Nachmittag unseres Besuchstages fröhlich, während wir das Mittagsgeschirr abwuschen und abtrockneten. Es war zu offensichtlich, daß Jennifer und Susan das Thema beim Essen bewußt gemieden hatten, bis Grama es zur Sprache brachte.

»Gut« und »ganz toll«, erwiderten beide frohgemut.

»Hm«, machte Grama, mißtrauisch nickend. »Irgendwelche Probleme?« fragte sie beiläufig, während sie die Reste mit einer Plastikfolie zudeckte und sie in den Kühlschrank stellte.

»Nein, es ist alles ganz toll, nicht wahr, Su? Wir arbeiten einfach so vor uns hin. Es gibt natürlich noch viel zu tun«, »flötete« Jennifer »keck«. Wir hassen solche Worte.

»Hm«, wiederholte Grama und musterte die Mädchen genau. »Demnach habt ihr Spaß am Quilten?« Sie lehnte sich gegen die Kühlschranktür, die Arme vor der Brust gekreuzt.

»Sicher, Grama. Es ist alles in bester Ordnung«, sagte Susan.

»Hm«, machte Grama erneut. »Okay, ihr habt jetzt eure Pflicht erfüllt und wart nett zu einer alten Dame. Jetzt sagt mir die Wahrheit. Ich weiß ganz genau, Susan, jedesmal, wenn du ›in Ordnung‹ sagst und deine Stimme um eine Oktave höher geht, dann ist irgendwas faul. Was ist es?« verlangte Grama zu wissen.

»Nun ...«, sagte Susan zögernd und stellte den letzten Teller in den Schrank.

Da sprang Jennifer ein. »Grama, es ist so schrecklich langweilig.« Sie warf gereizt den Abwaschlappen ins Seifenwasser. »Es ist immer wieder das gleiche. Man hat das Gefühl, das wird ewig so weitergehen. Wir werden niemals fertig werden!«

»Und wie steht's bei dir, Susan?«

»Tut mir leid, Grama, aber es ist ziemlich langweilig. Und meine Schultern tun mir davon weh.«

»Ich versteh nicht, wie irgend jemand seinen ersten Quilt schaffen kann, geschweige denn einen zweiten oder noch mehr!« rief Jennifer aus. Langzeitprojekte waren ihr schon immer schwergefallen. »Ich will dich nicht beleidigen, Grama, aber warum sollte man einen zweiten Quilt machen wollen?« Susan hängte das Handtuch auf, und Jennifer ließ das Wasser aus der Spüle.

Grama lächelte.

»Ihr werdet die Antwort auf das Warum erst erfahren, wenn ihr euren ersten beendet habt und zurücktreten könnt und euch eure Arbeit anseht. Wenn ihr euch in ihn verliebt, werdet ihr die Schmerzen und die Langeweile vergessen, und ihr werdet noch einen anfertigen. Aber in der Zwischenzeit sieht es aus, als müßten wir euch Medizin verabreichen, denn ihr Mädchen leidet an Stöhn-eritis. Was für eine Dosierung schlägst du vor?« fragte sie, an mich gewandt.

»Oh, es sieht schlimm aus. Doppelte Dosis mindestens«, erwiderte ich lächelnd. Grama stützte sich auf meinen Arm, als sie und ich langsam hinaus ins Wohnzimmer gingen. Die Mädchen folgten uns.

»Was? Was für eine Medizin?« wunderten sie sich.

»Mädchen, es gibt einen Punkt, da wird jeder Job zur Routine«, erklärte Grama und machte es sich in ihrem Lieblingsstuhl bequem. »Sogar die glanzvollste Beschäftigung oder das faszinierendste Projekt werden streckenweise zur Plackerei. Da führt kein Weg dran vorbei. Das einzige Medikament besteht darin, die folgende Formel parat zu haben. Man mische zu gleichen Teilen Geduld, Perfektion, Beharrlichkeit, Ausdauer und Stolz.

Keine Frage, Quilten beansprucht eine Menge Zeit, also habt Geduld. Die besten Dinge im Leben und große Werke ereignen sich nicht über Nacht. Jede Art von Erfolg braucht Geduld. Es ist besser, ihr lernt das direkt. Wenn ihr nicht gut im Abwarten seid, dann fangt an, euch darin zu üben. Und das heißt nicht, daß man wegrennt und zurückkommt, wenn man glaubt, der Staub habe sich gelegt; das heißt, daß man mit uneingeschränkter Aufmerksamkeit wartet und arbeitet.

Denkt daran, Perfektion ist euer Ziel, und es erfordert harte Arbeit. Manchmal müßt ihr einfach pressen und es hinter euch bringen. Diese Redewendung stammt aus dem Geburtsvorgang, bei dem ihr so lange preßt, bis sich der Erfolg einstellt oder bis ihr eingeht! Beharrlichkeit umschreibt gewissermaßen die sture Entschlossenheit, die ihr benötigt, um durchzuhalten, während ihr Ausdauer beweist, wenn ihr trotz aller Widrigkeiten euren Weg weitergeht. Und last but not least sollte euch der Stolz verbieten, aufzugeben oder eine Niederlage zuzulassen.«

»Geduld, Perfektion, Beharrlichkeit, Ausdauer und Stolz«, wiederholte Susan und zählte die Werte an ihren Fingern ab.

»Seht ihr, diese fünf Eigenschaften verbinden sich zu einem magischen Elixier, das euer Durchhaltevermögen stärkt. Es sorgt dafür, daß ihr die Ziellinie erreichen werdet. Viel zu oft geben die Menschen nur ein paar Schritte vor dem Erfolg auf. Laßt euch durch niemanden von etwas abbringen. Grandma Moses hat erst mit fünfundsechzig angefangen zu malen, und man sagte ihr: ›Du kannst nicht malen‹, aber sie machte einfach weiter. Wenn ihr dranbleibt, dann ist das Ziel vielleicht gleich um die nächste Ecke«, erklärte Grama. »Die einzige Möglichkeit, deine Bestimmung im Leben zu erfüllen«, fuhr sie fort, »besteht darin, die Ziellinie zu erreichen, indem man bis zum Schluß Ausdauer beweist. Das unterscheidet Führungskräfte von den ›Hätte-ich-doch‹-Menschen. Auf diese Weise statuiert ihr ein Exempel für die, die euch nachfolgen. So könnt ihr andere beeinflussen und beeindrucken – indem ihr ihnen einen fertigen Quilt zeigt, eine realisierte Möglichkeit, nicht einen halb fertigen.«

»Mann, das gefällt mir«, begeisterte sich Jennifer. »Also, nächstes Mal, wenn ich an Langeweile leide, dann springe ich auf und rufe: ›Ich habe Stöhn-eritis!‹« Sie lachte.

»Dann setzt man sich einfach wieder hin und arbeitet trotzdem weiter?« fragte Susan skeptisch.

Nun mischte ich mich ein: »Es gibt auch andere effektive und positive Vorgehensweisen, die man anwenden kann, um sich besser zu fühlen, und die auch helfen, mit der Langeweile und der Niedergedrücktheit fertig zu werden. Zuerst einmal, wenn du damit konfrontiert wirst, etwas Anstrengendes tun zu müssen, dann beschließe einfach, es zu einem Ziel zu machen. Mit anderen Worten, entscheide dich bewußt dafür, es zu tun –«

»Du sprichst schon wieder davon«, unterbrach Jennifer mich, »daß man Verantwortung übernehmen und sein Tun aktiv bestimmen soll.«

»Genau«, bestätigte Grama. »Denk immer daran, daß du etwas tust, weil du es tun willst. Keiner zwingt dich, nur du selbst. Du wolltest den Quilt schließlich machen. Versuche dich an deine anfängliche Begeisterung und Aufregung zu erinnern, und rufe dir ins Gedächtnis, wie du den fertigen Quilt vor deinem inneren Auge sahst. Und dann denke daran, wie großartig du dich fühlen wirst, wenn du ihn erst fertiggestellt hast.«

»Erinnerst du dich, als wir über die Planung sprachen und sagten, daß es nur einen Weg gibt, einen Elefanten zu essen, nämlich häppchenweise? Nun, eine andere Strategie, die du anwenden kannst«, schlug ich vor, »ist, die große und scheinbar unendliche Aufgabe in kleinere Aufgaben aufzuteilen. Mach es dir zum Miniziel, ein kleines bißchen zu schaffen, sagen wir, in zwei Wochen einen Block. So wirst du das Gefühl haben, besser voranzukommen, als wenn du immer das Geleistete mit dem vergleichst, was noch zu leisten bleibt.«

»Das ist richtig«, stimmte Grama zu. »Jeder kleine Stich wirkt, für sich gesehen, unbedeutend, aber zusammen mit vielen anderen ergibt er einen Quilt. Die kleinen, alltäglichen Verrichtungen summieren sich zu einem Lebenswerk, zu einem Erfolg. Das Leben ist kumulativ, und alles, jeder noch so kleine Stich, zählt.

Du kannst noch etwas anderes tun, du kannst die Routine durchbrechen«, fuhr Grama fort. »Geh aus und tu etwas vollkommen anderes, und du wirst erfrischt zurückkommen. Wenn dich das Lesen langweilt, geh und treibe Sport. Wenn du vom Sport genug hast, geh und lies. Wichtig ist, daß du etwas tust, das unterschiedliche Teile deines Körpers und Geistes beansprucht.

Und etwas anderes, wirklich Wichtiges, was du tun kannst, ist, dich mit Menschen zu umgeben. Ich weiß, es klingt verrückt, aber glaube mir, die Ursache für Mißerfolg und frühzeitiges Aufgeben liegt nur allzuoft in der Isolation. Wenn du allein gegen einen Drachen kämpfst, scheint er immer größer zu werden bis zu dem Punkt, wo du zu kämpfen aufhörst. Geh und sprich mit anderen Menschen. Teile deine Probleme. Erzähle ihnen, was du tust und warum, und du wirst erleben, daß deine Begeisterung wie von selbst wieder wächst, während du deine Absichten noch einmal darlegst. Du findest vielleicht heraus, daß die anderen ähnliche Drachen bezwungen haben.

Es erübrigt sich zu sagen, daß du mit positiv denkenden, hilfreichen Menschen reden mußt, die dir deine Energie zurückgeben werden. Im Gegenzug wird deine Begeisterung sie anstecken. Halte dich von negativ eingestellten Menschen fern, die versuchen, dir deine Begeisterung zu stehlen. Du wirst ihre Einstellung nicht ins Positive verkehren, aber sie werden dich herunterziehen wollen, bis du so unglücklich bist wie sie. Das ist die Bedeutung von ›sich in seinem Elend einrichten‹: Unglückliche Menschen wollen nicht bekehrt werden, sie wollen, daß du dich ihnen in ihrem Unglück anschließt.«

»In der Schule nennen wir sie die ›Jammerlappen‹«, ergänzte Susan. »Sie können dir immer tausend Gründe nennen, warum du versagen wirst.«

»Hör nicht auf sie«, warnte Grama. »Negative Menschen müssen sich immer mit anderen messen. Sie können sich nur überlegen fühlen, wenn sie jemanden zermürben. Denk daran, wenn deine Freunde erfolglos und unglücklich sind, dann nimm ihren Rat nicht an. Und das bringt mich zur heutigen Überraschung«, gab

Grama dem Gespräch eine neue Richtung. »Ich hatte so das Gefühl, daß ihr Mädchen euch inzwischen beim Quilten langweilen würdet. Das ist die Phase, in der der Reiz des Quiltens üblicherweise nachläßt, weil das ganze aufregende Planen und Lernen vorbei ist. Quilten ist aufregend und herausfordernd. Aber sehen wir der Tatsache ins Gesicht, es kann auch zeitraubend und langweilig sein.

Es ist ja schön und gut, wenn man optimistisch ist und vielversprechende Pläne und Absichten hegt. Es ist relativ einfach, Pläne zu machen. Aber es liegt auch in der menschlichen Natur, daß man sich manchmal schlecht und unmotiviert fühlt, wenn man mit der Arbeit konfrontiert ist. Diese Gefühle zu leugnen ist dumm. Das ist genauso, als würde man ein Problem als eine Herausforderung betrachten, worüber wir gesprochen haben –«

»Den Fehler werde ich nie wieder machen!« rief Susan aus.

»Deshalb«, fuhr Grama fort, als wäre sie nicht unterbrochen worden, »ist es wesentlich, über unterstützende Strategien zu verfügen, wie wir sie diskutiert haben, um sich über die schlechten Zeiten hinwegzuhelfen. Und überraschenderweise lautet auch der neunte goldene Faden: ›Steh die harten Zeiten durch.‹ Man muß wissen, wie man die unerfreulichen Seiten des Lebens meistert.«

»Wenn ich es nicht besser wüßte, Grama, würde ich denken, daß du dir das alles je nach Bedarf ausdenkst«, rief Jennifer. »Du scheinst immer zu wissen, was uns als nächstes passieren wird.«

»Vielleicht war sie ja auch schon einmal an dem Punkt«, gab ich zu bedenken.

Susan hatte Jennifers Kommentar nicht zugehört. Sie dachte immer noch über Gramas letzten goldenen Faden nach. Ihr Gesicht erstrahlte. Sie schien eine Eingebung zu haben.

»Je größer das Selbstvertrauen, das du hast, so scheint mir, desto besser wirst du zurechtkommen. Und je größer die Gewißheit, daß du zurechtkommen kannst, desto mehr Selbstvertrauen gewinnst du«, faßte sie den Kernpunkt der Lektion zusammen.

»Großartig«, lobte ich sie.

»Tja, man könnte fast sagen, daß sich jetzt ein ›roter Faden‹ durch unser Leben zieht!« witzelte Jennifer, und Grama warf spielerisch ein Kissen nach ihr.

»Wie ich bereits sagen wollte«, fuhr Grama in gespielter Verzweiflung fort, »hat die Quiltgilde von Clareville für dieses Wochenende eine Quiltausstellung organisiert, und ich habe uns Karten besorgt. Jennifers Wortspiel nach zu urteilen, habt ihr es offenbar bitter nötig, euer Gehirn auszulüften! Miß Stanton wird um zwei Uhr mit einem Rollstuhl für mich hier erscheinen, so daß wir in der Ausstellung schneller herumkommen.«

Der Rollstuhl war meiner Meinung nach eine glänzende Idee. Es gibt keinen Grund, alte Knochen mehr als notwendig zu strapazieren. Außerdem hatte Grama seit kurzem Schwierigkeiten mit dem Gehen. Ihre Begeisterung für die Mädchen und ihre Quilts war so stark wie immer, aber sie schien sich langsamer, besonnener und angestrengt zu bewegen. Ich weiß, daß sie sich nie über Schmerzen beklagen würde. Sie will die Grenzen, die das Alter ihr setzt, nicht wahrhaben. Aber ich habe an ihrem Quiltrahmen bemerkt, daß der Fortschritt schleichend geworden ist.

Vielleicht hatte das Projekt auch sie ermüdet. Wie konnte sie nach der Herstellung so zahlreicher Quilts weiterhin Interesse dafür aufbringen und einen Sinn darin entdecken? Blöde Frage. Grama würde immer einen Sinn in ihrer Arbeit finden, weil sie der Arbeit Sinn verlieh. Vielleicht war sie ja bloß müde, und ich machte mir zu viele Sorgen. Der Besuch der Quiltausstellung würde uns allen guttun.

Auf der Fahrt dorthin erzählte ich Jennifer und Susan über die Erfahrungen, die ich vor Jahren gemacht hatte, als ich gemeinsam mit Grama und ihren Freundinnen die Versammlungen der Quiltgilde besuchte. Ich war zwar kein Mitglied, aber es machte Spaß, ab und zu einmal mitzugehen, um zu beobachten, wie all die anderen Frauen ihre Projekte in Angriff nahmen. Ich konnte dort die menschliche Psyche studieren und die Verhaltensmuster, die zu Freude oder Kummer führten. Einige Frauen besuchten Jahr für Jahr jeden Workshop und fingen immer wieder mit einem neuen Quiltblockmuster an. Sie nahmen ständig neue Projekte in Angriff, schafften es aber nie, alle Blocks zusammenzunähen und etwas zu Ende zu bringen. Andere Frauen nähten unzählige Quiltoberteile, fügten aber nie einen Quilt zusammen. Sie verbrachten wertvolle Stunden damit, zu nähen und zu korrigieren, bis das Quiltoberteil perfekt war. Dann falteten sie es zusammen und packten es in den Schrank, während sie sich voller Begeisterung einem anderen Objekt zuwandten.

Es war traurig zu sehen, wie diese Frauen sich plagten und sich die Befriedigung eines vollendeten Werkes vorenthielten, um gleich weiterzumachen. Ein »Quiltus interruptus« ist unbefriedigend. An den Abenden, an denen die Ergebnisse vorgeführt wurden, saßen sie dann angesichts der wunderschönen fertiggestellten Quilts wehmütig und neidisch da und schworen sich wieder einmal, den nächsten Quilt mit Sicherheit zu vollenden.

Es gab Frauen, die an einem Workshop teilnahmen, in dem die Ausbilderin sorgfältig ein neues Blockmuster vorführte. Dann eilten sie nach Hause, um alles hastig zusammenzuschustern, da sie als erste einen fertigen Quilt präsentieren wollten. Manchmal hatte er unregelmäßige Ecken, die Nähte trafen nicht aufeinander, die Stiche waren grob und ungleichmäßig, oder es gab andere Anzeichen hastigen und ungenauen Arbeitens. Dennoch applaudierten die anderen Frauen ihnen einfühlsam für das Bemühen und beglückwünschten sie pflichtgemäß für ihre Schnelligkeit – etwas anderes gab es ja nicht zu loben –, während sie insgeheim die schlecht ausgeführte Handarbeit mißbilligten. Manchmal machte ein erfahreneres Mitglied hilfreiche und be-

hutsame Vorschläge, die viel zu oft nicht beachtet oder gar überhört wurden.
Es gab Frauen, die ungeheuer kämpften und das einfachste Muster in ein großes Schlachtfeld der Frustration und des Mißerfolgs verwandeln konnten. Während die eine aufgab und sagte: »Seht nur, ich schaffe einfach gar nichts«, kämpfte sich ihre seelenverwandte Schwester Schritt für Schritt und unter großen Anstrengungen auf dem vorgegebenen Weg vor, ohne jedoch die Leichtigkeit der Meisterschaft zu erlangen. Beiden lag daran, ihre Einstellung, derzufolge das Leben ein Kampf ist, bestätigt zu sehen.
Natürlich waren die Expertinnen im Nähen deswegen Expertinnen, weil sie es »von klein auf gelernt hatten« oder »weil sie keine Kinder oder keinen Mann oder keinen Beruf haben, die ihnen die Zeit stehlen«, oder sie waren »ein geborenes Talent« oder sie hatten einfach »ein glückliches Händchen«.
Es hat mich erstaunt, wie viele Erfolgsgründe Expertinnen zugeschrieben wurden, die sich nie dafür hielten. Die Quiltexpertinnen waren Frauen, die einfach ständig dazulernten und sich immer wieder selbst herausforderten, der Großartigkeit ebenso wie der Schufterei und Plackerei des Handwerks ergeben. Und wenn alles getan war, standen sie schweigend und voller Zufriedenheit im Rampenlicht und genossen die Früchte ihrer Arbeit, bevor sie sich daran machten, jüngere Frauen anzuleiten und zu unterweisen.

Jennifer und Susan hatten keine Vorstellung davon, welch ungeheuren Eindruck die große Gemeindehalle voller Quilts auf sie machen würde. Sie waren über das, was sie in der Ausstellung sahen, sehr erstaunt. Dutzende von Quilts. Von riesigen Bettdecken bis hin zu kleinen Wandbehängen. Jeder einzelne wurde ausgebreitet präsentiert, entweder an der Wand oder in freihängenden Rahmen gespannt, Gang für Gang wie gigantische Gemälde in einer Galerie. Und wie in einem riesigen Kunstmuseum waren alle Stile vertreten, von traditionell bis ultramodern. Stimmungen von heiter bis düster, von elegant bis verrückt. Ein Kaleidoskop der Gefühle, Farben, Töne und Schattierungen, die einen Regenbogen in den Schatten stellten. Übersprudelndes Leben!
Grama führte die Mädchen vergnügt durch die Show, wies sie auf Details verschiedener Muster hin und äußerte sich über das Niveau der Arbeit. In einer Abteilung fanden wir die Ergebnisse eines Quiltwettbewerbs. Grama erklärte, daß jede Quilterin gleiche Mengen von vier verschiedenen Stoffen erhalten hatte. Die Herausforderung hatte darin bestanden, einen Quilt bestimmter Größe anzufertigen. Das Design blieb jeder einzelnen überlassen, und sie konnten bis zu zwei zusätzliche Stoffe verwenden. Trotz der gleichen Grundelemente war jeder der entstandenen zwanzig Quilts einzigartig und ein individueller Ausdruck der Kreativität der Quilterin.
»Das ist faszinierend, Grama!« Susan machte angesichts dieser Erkenntnis große Augen. »Diese Quilts

sind alle gleich, und dennoch ist jeder für sich gesehen anders. Jeder einzelne besteht aus einer einzigartigen Kombination gleicher Bestandteile. Und jeder ist wunderschön! Das ist alles irgendwie richtig. Es ist genauso wie das, was du vor langer Zeit über die Menschen gesagt hast: Achte und feiere den Unterschied!«

So wie Susan, als sie ihrem Quilt durch Hinzufügen des gelben Stoffes einen besonderen Pfiff verliehen hatte, konnte man nun Jennifer ansehen, daß sie ein Aha-Erlebnis hatte. Sie hatte eine Lektion gelernt, die bisher nur ein plausibel klingendes, aber gleichwohl theoretisches Konzept gewesen war. Die denkwürdigsten Lektionen in unserem Leben sind diejenigen, die sich uns in zwingenden Metaphern durch starke Bilder offenbaren. Jennifer hatte nun ein solches Bild verinnerlicht, und es würde sie immer daran erinnern, die Unterschiedlichkeit der Menschen als wertvoll anzusehen. Ich hoffte, daß Toleranz und Verständnis in ihr zu der Weisheit heranreifen, zu der sie befähigt ist.

Während wir weiterzogen, fiel uns auf, daß viele Gildemitglieder weiße Handschuhe trugen, um die Quilts vorsichtig und schonend zu behandeln. Jedes Mitglied freute sich, mit Jennifer und Susan über das Quilten zu reden. Sie gaben ihre Erfahrungen weiter – zu denen auch viele Schwierigkeiten gehörten, die auch die Mädchen hatten durchstehen müssen. Hobbes war nicht der einzige Kater, der Stunden der Arbeit zunichte machte. Und obwohl viele Frauen behaupteten, daß ihnen Handquilten wirklich Spaß bereite, zeigten sie

Verständnis für Susan und Jennifer und gestanden ebenfalls Phasen der Erschöpfung und Langeweile ein. Dennoch erklärten alle Frauen, daß die anhaltende Zufriedenheit, die sich mit der Fertigstellung des Quilts einstellen würde, für jede Mühe entschädige.

War das die Botschaft, die meine Töchter dringend brauchten? Und ob.

Manchmal drehte ein Gildemitglied einen Quilt behutsam um und präsentierte ein besonderes, manchmal aufwendiges Muster der Rückseite. Als wir einen besonders erstaunlichen Quilt betrachteten, fragte Jennifer verwirrt: »Warum sollte jemand die ganzen Schwierigkeiten auf sich nehmen, Muster auf die Rückseite zu steppen, wenn das doch nie jemand zu Gesicht bekommen wird?«

»Vielleicht, um ihn beidseitig zu benutzen?« lautete Susans praktischer Vorschlag.

»Warum nicht aus handwerklichem Ehrgeiz?« schlug ich meinerseits vor.

»Vorsprung«, kommentierte Grama lakonisch. Die Mädchen schauten sie neugierig an, also wurde sie ausführlich.

»Erinnert ihr euch daran, daß wir über Qualitätsarbeit gesprochen haben? Ihr könnt euch immer durch das Leben hindurchlavieren, indem ihr einfach die Mindestanforderungen an Leistung erfüllt. Aber Qualitätsarbeit übertrifft die Kundenerwartung immer, auch wenn es sich nur darum handelt, ein Lächeln hinzuzufügen. Das nennt man ›Zusatzleistung‹, und die verleiht euch

oder eurer Firma einen Vorsprung gegenüber der Konkurrenz.
Ist das hier ein gelungener Quilt? Ist dies die Arbeit einer Expertin?« fragte Grama.
»Sicher«, erwiderte Susan, froh darüber, endlich ihre neu erworbene Kritikfähigkeit vorführen zu können. »Schaut euch die feinen, gleichmäßigen Stiche an, das detaillierte und komplizierte Muster.«
»Könnte die Oberseite dieses Quilts für sich allein gesehen als ein Beispiel für Qualitätsarbeit gelten?« bohrte Grama weiter.
»Natürlich.« Die Mädchen nickten.
»Die Quilterin hätte nichts weiter hinzufügen müssen, nicht wahr? Aber sie hat sich dennoch dazu entschlossen. Sie wollte die Erwartungen übertreffen und noch ein Extra für den Kunden, den Benutzer oder den Betrachter liefern. Das gab ihr einen Extravorsprung, einen Gewinnvorsprung, einen Erfolgsvorsprung. Denkt daran! In einem Raum voller gelungener, wunderschöner Quilts ragt dieser hier wahrlich heraus.
Unser goldener Faden Nummer neun war: Steh die harten Zeiten durch. Dies ist ein Beispiel für die Ergebnisse, die ihr erzielen könnt, wenn ihr euch daran haltet«, schloß sie.
Wir fanden heraus, daß die Erschafferin des Quilts anwesend war, und Jennifer und Susan waren besonders gespannt darauf, mit ihr zu sprechen. Sie waren überschwenglich und ehrlich in ihrem Lob, aber sie lächelte nur nett und sagte charmant: »Danke schön.«

Die Frage, die meinen Töchtern brennend auf der Zunge lag, war, wie lange sie wohl gebraucht haben mochte, um ihr Meisterwerk zu vollenden. Wie lange hatte sie gekämpft?

»Die Leute wollen immer wissen, wie lange es dauert, einen Quilt zu machen. Jeder Anfänger möchte wissen, worauf er sich da einläßt. Die Antwort ist: Das ist unterschiedlich. Wie das Leben. Für einige ist es schnell und einfach, für die anderen ist es ein langer, langer Prozess. Es hängt davon ab, was man sonst noch tut und wie konzentriert man ist. Ich arbeite ganztags und habe drei Söhne im Teenager-Alter. Für diesen Quilt habe ich neun Jahre gebraucht«, antwortete sie und lächelte in Erwartung der Reaktion.

»Neun Jahre!« rief Susan aus.

»Neun Jahre!« echote Jennifer und stieß einen Pfiff aus.

Nachdem wir Grama in ihrem Apartment abgeliefert hatten, durchlebten Jennifer und Susan auf dem ganzen Weg nach Hause noch einmal staunend, was sie gesehen hatten. Sie waren vom handwerklichen Können und der Kreativität der Quilterinnen, die sie getroffen hatten, inspiriert. Sie fühlten sich zugleich durch die phantastischen Quilts der Ausstellung herausgefordert und ziemlich eingeschüchtert. Hatten wir nicht über das Verändern des Standpunktes gesprochen? Die Ausstellung war offenbar genau das, was sie gebraucht hatten. Die Lektion des Tages war durch eine große gefühlsmäßige Erfahrung besonders einprägsam geworden.

Gramas neunten goldenen Faden – »stehe die harten Zeiten durch« – würden sie nicht so leicht vergessen.
Die Mädchen hatten es nötig gehabt, Menschen zu treffen, insbesondere eine Gruppe von positiv denkenden, erfahrenen Frauen, die ihnen mit ihrer Arbeit und ihrem Beispiel Ermutigung zusprachen.
Laß Yoda-Grama nur machen. Sie weiß Bescheid.

Goldener Faden Nr. 9
Stehe die harten Zeiten durch

JULI

Schweine können nicht fliegen

Jennifer und Susan kamen mit den Quilts langsam, aber sicher voran. Ab und zu hörte ich eine von beiden rufen: »Ich habe Stöhn-eritis!« Und schon ging sie aus, ins Kino oder zum Tennis. Eine Weile später, nach dieser Unterbrechung der Routine, kam sie dann zurück und quiltete weiter.

Grama fühlte sich in letzter Zeit nicht sehr wohl, und sie rief ein paarmal an, um unseren monatlichen Besuch zu verschieben. Kein Anlaß zur Sorge, sagte sie. Sie fühle sich bloß »miserabel und sei nicht zu Besuchen aufgelegt«. Aber sehen wir der Tatsache ins Auge: Sie ist fünfundachtzig, und wir machen uns Sorgen.

Wie sich herausstellte, hatte der Aufschub vermutlich auch sein Gutes. Die Mädchen waren dank ihrer sommerlichen Aktivitäten noch mehr als gewöhnlich beschäftigt. Susans Sommerjob bestand darin, Kindern das Handarbeiten und das Spielen beizubringen. Bereits nach der zweiten Woche war eine der Aufgaben die Anfertigung eines Quilts als Wandbehang für das Klas-

senzimmer. Sie benutzten dazu große Stoffreste in kräftigen Farben aus Mutters Nähkorb und dickes, einfach zu handhabendes Garn.
Das war ganz Susan, obwohl sie nicht einmal ihre eigene Lehrzeit bei Grama abgeschlossen hatte, vermittelte sie die eigenen Kenntnisse bereits an ihre Schüler weiter. Ein zufälliger Hinweis auf die Tatsache, daß wir keinen Abschluß oder Titel brauchen, um etwas Wertvolles zu besitzen, das wir weitergeben können.
Natürlich sprach Susan mit den Kindern, während sie am Quilt arbeiteten, und daraus entwickelte sie die Idee, eine Serie lustiger Geschichten zu schreiben, um ihnen Gramas goldene Fäden kindgemäß nahezubringen. Wir hatten beim Abendessen sehr viel Spaß daran, verschiedene Ideen durchzuspielen. Die erste Geschichte, die sie schrieb, trägt den Titel »Schweine können nicht fliegen«. Sie handelt von einem kleinen Mädchen auf einer Farm und ihrem Hausschweinchen. Wir glauben, es ist ein echter Heuler oder, passender gesagt, »Quieker«. Jetzt muß sie noch einen Illustrator und selbstverständlich einen Verleger finden.

Jennifer ist mit ihrem Job in der Kundendienstabteilung soweit zufrieden. Neulich kam sie mit einer neuen Herausforderung nach Hause. Sie mußte einen zwanzigminütigen Vortrag für ihren Managementkurs vorbereiten. Es ist lange her, daß sie in der High-School Referate gehalten hat, also bat sie Susan und mich, ihr Team, um Hilfe. Wir wälzten zusammen einige Ideen im Kopf, während wir an unserem alten Küchentisch saßen, der über die Jahre hin der Schauplatz vieler Familienversammlungen gewesen ist.

»Natürlich ist die Grundlage jedes Vortrages die Kommunikation, also laßt uns die Grundlagen der Kommunikation noch einmal klarstellen«, schlug ich vor.

»Du willst über das Sprechen sprechen?« lächelte Jennifer. »Ich dachte, das hätten wir schon mehr als genug getan.«

»Vielleicht ja; aber es gibt sicher noch mehr dazu zu sagen. Ich glaube, daß es auch in einer vermeintlich einseitigen Kommunikationssituation, in der du, die Sprecherin, jemand anderem, dem Zuhörer, etwas präsentierst, entscheidend ist, daß du das Publikum verstehst und dich darauf einrichtest. Ein Vortrag ist nie wirklich einseitig. Jedesmal, wenn du aufstehst und sprichst, wird es eine Antwort geben, ob sie offen ausgedrückt wird oder nicht. Als Sprecherin bist du für die Reaktionen, die du bei dem oder dem hervorrufst, verantwortlich. Mit anderen Worten: Du bist für die Antwort, die du von ihnen erhältst, verantwortlich.«

Jennifer analysierte das: »Also mußt du wissen, zu wem du sprichst, bevor du sprichst.«

»Also erzähle Ingenieuren nichts übers Kochen und Köchen nichts über Ingenieursarbeit«, scherzte Susan.

»Ich glaube, Ma möchte mehr als das sagen, Su. Sie meint, wenn du Ingenieuren etwas übers Kochen erzählst, dann bist du verantwortlich für ihre Reaktion.

Du solltest auf ihre Antwort vorbereitet sein, darauf, daß sie gelangweilt oder ärgerlich sind.«
»Oder hungrig«, murmelte Susan, immer noch scherzend, vor sich hin.
»Stimmt. Gut gesagt«, wandte ich mich an Jennifer.
»Die erste Hälfte der Kommunikation besteht darin, das Publikum zu verstehen. Deine allerersteAbsicht sollte darin bestehen herauszufinden, wer dein Publikum ist. Welches sind seine Ziele und Interessen? Was will es von dir hören?«
»Das klingt wie Kundendienst«, erkannte Jennifer.
»Genau.« Ich fuhr fort: »Der zweite Bestandteil jeder Kommunikation sind die Vortragstechniken, die die Effektivität deiner Kommunikation steigern werden. Wenn du aufhörst herumzualbern, Susan, kannst du Jennifer wahrscheinlich mit einigen Tips aus deinem Rhetorikkurs behilflich sein.«
Susan seufzte und nickte. »Ich denke schon. Zuerst mußt du entscheiden, was du mit deiner Rede erreichen willst. Was bezweckst du? Willst du zum Beispiel überzeugen, unterhalten, zum Handeln auffordern oder einfach informieren? Wenn du den Grund oder das Motiv deines Vortrages verstehst, kannst du dich auf das Wesentliche konzentrieren und leichter entscheiden, was du einfließen läßt oder was du ausläßt.«
»Okay, das ist gut«, sagte Jennifer und machte sich im Lauf des Gesprächs Notizen.
»Zweitens: Du mußt genau wissen, worüber du redest. Mach deine Hausaufgaben, recherchiere. Laß dich nicht

auf Vermutungen ein, und versuche nicht, dich durchzumogeln. Wirklich effektive Reden erfordern Ehrlichkeit und Offenheit. Ich habe herausgefunden, wie wichtig das beim Unterrichten von Kindern ist. Kinder verstehen sich großartig darauf, unbewußte Signale zu erfassen, die du aussendest, wenn du nicht vollkommen ehrlich zu ihnen bist. Kinder können ein vernichtendes Publikum sein. Ich vermute, daß es wohl deshalb für mich eine Herausforderung darstellt, sie zu unterrichten.«

»Vielleicht sollte ich zur Übung meinen Vortrag vor deiner Klasse halten«, scherzte Jennifer.

»Klar. Warum nicht, wenn du dich traust«, sagte Susan mit herausforderndem Grinsen.

Ich fügte hinzu: »Susan hat recht. Fachwissen und Ehrlichkeit untermauern deine Glaubwürdigkeit, und das heißt, daß dein Publikum von vornherein bereit sein wird, dir zuzuhören und dir zu glauben.«

»Mehr fällt mir jetzt nicht ein, Ma«, sagte Susan achselzuckend.

»Ist schon in Ordnung. Das waren zwei wichtige Punkte. Ein weiterer Gesichtspunkt ist die Höflichkeit gegenüber dem Publikum, die du auf vielerlei Weise zeigen kannst. Sei präzise, und fasse dich kurz. Das beweist Verständnis für ihren Terminkalender, besonders wenn es sich innerhalb eines geschäftlichen Rahmens abspielt.

Präsentiere deine Argumente strukturiert und in logischer Reihenfolge. Erkläre sie mit einfachen Worten.

Verlange dem Publikum keine harte Arbeit ab, bis es dich versteht. Bemühe dich um Klarheit. Schreibe es, wenn nötig, auf und versichere dich, daß alle mit dem Inhalt einverstanden sind. Gehe nie davon aus, daß jeder die Worte genauso interpretiert wie du. Klarheit ist der Schlüssel zur Macht in der Kommunikation. Sie verhindert Mißverständnisse und den damit verbundenen Zeitverlust und Gefühlsaufwand.
Andere kritische Punkte eines Vortrages sind das Timing und der Rhythmus. Beeile dich nicht, nur um Augenblicke des Schweigens zu füllen. Die Menschen nehmen viel langsamer auf, als du sprichst. Laß ihnen genügend Zeit, das zu verstehen, was du gesagt hast, anderenfalls werden sie abschalten oder irritiert reagieren. Versuche, deinen Vortrag kreativ und interessant zu gestalten. Bediene dich, wenn du kannst, des Humors, um dein Publikum bei der Stange zu halten«, schloß ich.
»Das ist ja eine ganze Menge, was ich mir da auf einmal merken soll«, klagte Jennifer stirnrunzelnd mit Blick auf ihre Notizen.
»Stimmt, es scheint wirklich eine ganze Menge zu sein«, sagte ich mitfühlend. »Aber es ist in jeder Laufbahn von allergrößter Wichtigkeit, rhetorisch bewandert zu sein. Die schlaueste Person auf der Welt bleibt ein Versager, wenn sie nicht in der Lage ist, ihre Ideen anderen verständlich zu vermitteln.
Aber schließlich führt alles nur auf das eine hinaus, und das macht es einfach: Sprich mit dem Herzen. Wenn du

dein Publikum kennst und an ihm Anteil nimmst und wenn du ehrlich, fachkompetent und von Herzen leidenschaftlich sprichst, wirst du eine erfolgreiche Rednerin werden. Leidenschaft ist das Zauberwort. Leidenschaft beflügelt dich und deine Rede. Leidenschaft wird eine bewegte Reaktion in deinem Publikum hervorrufen«, schloß ich.

Jennifer wirkte erleichtert. Sie schrieb das Wort »Leidenschaft« in großen Buchstaben ganz oben auf ihren Notizblock und rahmte es dann ein. Ich hatte etwas getroffen, das ihr von Natur aus gegeben ist, und so wurde ihr wieder wohler. Ich habe es immer genossen, ihre High-School-Diskussionsgruppen zu beobachten. Susan konnte die Jury mit Fakten, Zahlen und der Logik ihres Vortrages überzeugen, aber sie verlor Punkte wegen ihrer schwachen Darbietung. Jennifer dagegen überrollte sie mit Energie und Überzeugung. Sie verlor Punkte, weil sie ihre Beherrschung verlor. Einmal schleuderte sie ihre Notizen auf den Mann mit der Stoppuhr, weil er ihre Zeit beschnitt.

Ich bin überzeugt, daß sie ihren Vortrag gut machen wird. In zwanzig Minuten würde sie genügend Zeit haben, um ordentlich Dampf abzulassen.

»Ich hab's!« Susan sah auf und lächelte.

»Also, wie alles Erlernte mußt du auch die Kommunikation mit Menschen üben, üben, üben. Je mehr du übst, desto besser wirst du werden«, ergänzte Susan.

»Meisterhaftes Üben macht den Meister«, erinnerte Jennifer an Gramas Worte.

»Stimmt.«
»Du kannst ja mit uns üben«, bot Susan an.
»Danke, das werde ich.«
»Haben dir diese Vorschläge überhaupt geholfen?« fragte ich. »Ja? Gut. Hoffentlich fühlt sich Grama nächsten Monat besser, denn ich bin sicher, daß auch sie etwas über Kommunikation zu sagen haben wird.«
»Weißt du, ich glaube langsam, daß Grama und du unter einer Decke stecken, Ma.« Jennifer trommelte mit den Fingern mißtrauisch auf dem Tisch herum. »Ich werde es mit Sicherheit wissen, wenn sich herausstellt, daß der goldene Faden Nummer zehn etwas mit Kommunikation zu tun hat.«
»Ja, Ma, wieviel weißt du wirklich?« Susan schaute mich mit gespieltem Mißtrauen an.
»Ah, Madame Zelda weiß alles, sieht alles und sagt gar nichts, es sei denn, ihr versilbert ihre Handfläche.« Ich streckte begehrlich eine Handfläche aus, aber sie schüttelten verneinend den Kopf.
»Ich glaube, wir beziehen unsere Informationen lieber direkt an der Quelle, von Grama, anstatt uns mit einem Medium abzugeben!« sagte Jennifer lachend.

Goldener Faden Nr. 10
Kommuniziere wirkungsvoll

AUGUST

Du hast mein Leben zusammengeflickt

Glauben Sie nicht, daß wir Robbie die ganze Zeit über vergessen hätten. Auch er hatte einen Job und würde den ganzen Sommer über im Westen arbeiten und leider nicht nach Hause kommen können. Doch wir schrieben ihm und riefen ihn öfter an.

Nach Jacks Tod verbrachte Robbie viel Zeit mit Grama, einfach nur zum Reden. Seitdem erhält er brieflich eine regelmäßige Verbindung mit ihr aufrecht. Deshalb war er über die Quiltrunden auf dem laufenden. Vielleicht profitierte er ja auch davon, daß Gramas goldene Fäden gesponnen wurden. Wenn er dachte, wir wären alle übergeschnappt, so behielt er es für sich.

Heute beförderten wir ein Paket, das er an »Die vier Frauen von uralter Weisheit, Trägerinnen des heiligen Fingerhuts und die Bienenköniginnen des Erfolgs!« adressiert hatte. Glücklicherweise war es ein großes Paket, so daß er auf dem Aufkleber genügend Platz gefunden hatte.

Natürlich warteten wir mit dem Öffnen bis zu unserem

Besuch bei Grama. Und als es schließlich soweit war, fanden wir im Paket vier Keramikbecher mit je einer persönlichen Aufschrift. Auf der beiliegenden Karte stand: »Herzlichen Glückwunsch zum Nichtgeburtstag wünsche ich allen meinem Lieblingsfrauen. Ich fand diese Becher in einem Laden mit Kunsthandwerk und konnte nicht widerstehen, sie Euch zu schicken. In Liebe, Rob.«

Jeder Becher trug passenderweise ein farbenfrohes Quiltmuster und einen Spruch.

Jennifer las ihren zuerst vor. Er lautete: »Quilten für immer, Hausarbeit nimmer!«

»Er muß letztens Bilder vom Zustand deines Zimmers gesehen haben«, neckte ich sie. Wir wissen alle, daß sie nicht die ordentlichste Person auf der Welt ist. Sie hält sich außerdem für eine moderne Feministin, und natürlich hassen wahre Feministinnen jede Art von Hausarbeit. Ich sage ihr immer wieder, daß jeder Hausarbeit haßt.

Susan las auf ihrem Becher: »Wer mit dem meisten Stoff stirbt, gewinnt.« Robbie hatte es genau getroffen. Sie ist ein Hamster, schlimmer noch, ein Hamster aus Sentimentalität. Sie hamstert einfach alles.

Wir wissen alle, daß Schneider hamstern, aber Quilter sind noch schlimmer. Jedenfalls produziert eine Person, die näht, Stoffreste, wohingegen eine Quilterin sie benutzt, worauf Grama uns liebend gern hinweist. Aus sonst nutzlosen Stoffresten kann eine Quilterin ein Kunstwerk schaffen, indem sie von ihrer Kreativität und ihrer Vorstellungskraft Gebrauch macht, um sie »aufzuwerten« und ihnen eine neue Bedeutung und Bestimmung zu verleihen.

Zurück zu den Bechern. Es ist eine gute Sache, daß die Männer, die uns am besten kennen, uns auch lieben. Was würde wohl sonst auf meinem Becher stehen! Ich lachte, als ich las: »Quilterinnen nähen keine Knöpfe an.« Das ist ein Insider-Witz, ich sollte ihn erklären. Als Robbie Weihnachten zu Hause war, schaffte er es trotz mehrfachem Wink mit dem Zaunpfahl nicht, die fehlenden Knöpfe an zwei seiner Hemden wieder anzunähen. Damals neckte ich ihn: »Leg dir doch eine Freundin im Westen zu, oder nähen eure ›modernen‹ Mädchen keine Knöpfe mehr an?« Jetzt war er es, der zuletzt lachte.

Keine Sorge, er hat gelernt, seine Knöpfe selbst anzunähen. Er wollte es bloß nicht. Sind dafür nicht die Mütter da? Statt ungeratene Söhne für eine Weile in die Armee zu stecken, um sie zurechtzubiegen, bin ich der Meinung, daß jedem jungen Mann für ein Jahr ein Job als Mutter zugewiesen werden sollte. Das ist härter als jedes Militärcamp. Ich scherze natürlich.

Gramas Becher war mit gequilteten Herzen gemustert. Darauf stand: »Danke, Grandma, du hast mein Leben zusammengeflickt.«

Grama schmolz vor Rührung dahin. »Was für ein lieber Junge«, seufzte sie. Auch häufiger Briefwechsel war kein Ersatz für einen Besuch. Offenbar vermißte sie ihn ebenfalls.

»Das ist süß.« Susan umarmte Grama, als sie den Spruch auf dem Becher las. »Grama, das könnte von uns allen kommen.«

»Du bist so weise, Grama. Du hast uns allen geholfen«, bekräftigte Jennifer. »Wie bist du so weise geworden?«

»Ich bin bloß alt geworden! Komisch, weißt du, ich habe die gleichen Dinge vor vierzig Jahren gesagt, als ich im Alter deiner Mutter war, und keiner hat mir zugehört«, antwortete sie zwinkernd. »Jetzt, da ich alt bin, hört jeder zu. Vielleicht glauben die Leute, ich werde noch einmal etwas wirklich Geniales sagen, bevor ich sterbe. Wer weiß das schon«, sagte sie achselzuckend.

»Danke, Grama, vielleicht besteht ja noch Hoffnung für mich«, erklärte ich lachend.

»Wo wir schon diese Botschaft von Robbie empfangen haben, laßt uns heute auch über Kommunikation sprechen. Weil das auch ein goldener Faden ist – die Nummer zehn.«

»Aha! Ich wußte es!« Jennifer triumphierte.

»Ja, Jenny, wie ich deine Mutter verstanden habe, hast du im Rahmen deiner Arbeit einen Vortrag gehalten, und das hat euch dreien Gelegenheit geboten, über die Techniken der Kommunikation zu diskutieren. Habt ihr auch über den Inhalt der Kommunikation gesprochen?« fragte Grama. Die Mädchen schüttelten den Kopf.

»Ich dachte mir, daß wir das besser dir überlassen, Grama«, fügte ich an.

»Also haben wir wieder einmal das Wie des Erfolges, aber nicht das Was des Erfolges«, bemerkte sie und machte es sich in den Sofakissen bequem. »Nun, wißt ihr, was ihr kommuniziert, ist sehr viel wichtiger als das Wie der Kommunikation. In den Augen der meisten Menschen ›kostet Reden nichts‹. Die Leute stellen sich effektive Redner als schnell redende Schwindler vor, die es darauf abgesehen haben zu betrügen. Das ist so, weil die inhaltliche Seite eines erfolgreichen Dialogs, also die Botschaft, viel mehr Beachtung und Überlegung verlangt. Das ist auch befriedigender, weil ihr so wirklich mit Menschen in Kontakt tretet. Sie ist einer der wichtigsten Aspekte zwischenmenschlicher Beziehungen.«

»Also, Grama, dann schätze ich mal, daß du nicht mit Marshall McLuhan übereinstimmen wirst, der behauptet hat: ›Das Medium ist die Botschaft‹«, bemerkte Jennifer.

Gibt es irgendeinen Studenten, der das College verläßt, ohne diesen berühmten Ausspruch gehört zu haben? fragte ich mich. Ich dachte, nur meine Generation würde den Pop-Guru zitieren.

»Was er gesagt hat, könnte stimmen – unglücklicherweise. Wenn das Fernsehen das ›Medium‹ von heute ist, dann gibt es dort Leute, die eine Menge Lärm um nichts machen. Oder sie äußern Dinge, über die sie nicht sorgfältig genug nachgedacht haben. Für die scheint es nicht wichtig zu sein, was sie sagen, solange sie dabei gut aussehen.«

»Also sollten wir, wie Shakespeare sagte, ›den Boten erschießen‹«, kommentierte Jennifer geistreich.
»Ich dachte, er sagte: ›Tötet den Boten nicht‹«, korrigierte Susan sie.
»Er meinte wahrscheinlich, man soll die Zwischenrufer erschießen, falls sie nicht damit aufhören, herumzublödeln und zu stören.« Ich funkelte meine Töchter an.
»Sorry, Grama«, entschuldigte sich Jennifer, und Grama winkte ab.
»Auf jeden Fall geht es bei der Kommunikation darum, einen sinnvollen Dialog, das heißt sinnvoll für die anderen, herzustellen, wenn ihr es schaffen wollt, irgend jemandem eure Botschaft über irgend etwas Entscheidendes zu vermitteln. Einen sinnvollen Dialog herzustellen erfordert drei Dinge: aufmerksames Zuhören, Anteilnahme und die Bereitwilligkeit, sich selbst einzubringen.
Erstens: Aufmerksames Zuhören heißt, daß ihr euch in einer nicht wertenden Art auf die andere Person konzentriert, um nicht nur den Inhalt von dem, was sie sagt, in euch aufzunehmen, sondern auch ihre Gefühle zur Zeit des Gespräches zu erfassen. Es kann schwer sein, jemanden wirklich zu hören, weil wir naturgemäß dazu neigen, das, was wir hören, durch unsere eigene Realität zu filtern und das vom anderen Gesagte so zu interpretieren, daß es unseren persönlichen Erfahrungen entspricht. Wenn ihr aber mit den wahren Emotionen der anderen Person nicht umgehen könnt und sie nicht ver-

steht, womit auch die Realität der Person gemeint ist, dann kommuniziert ihr nicht wirklich.«

»Wie Ma uns schon sagte: ›Versucht zuerst zu verstehen, und versucht dann, verstanden zu werden‹«, meldete sich Susan zu Wort.

»Richtig. Als nächstes müßt ihr Anteilnahme zeigen. Am einfachsten tut man das, indem man Fragen stellt. Fragen zeigen, daß ihr an der anderen Person interessiert seid, interessiert daran seid, von ihr zu lernen, und daß ihr sie schätzt. Fragen können Leute dazu bringen, Informationen oder Gefühle preiszugeben, die sie ansonsten aufgrund von Schüchternheit nicht erwähnt oder die sie für unwichtig gehalten hätten. Und selbstverständlich müßt ihr ihren Antworten zuhören, aufmerksam zuhören.«

»Ist das nicht neugierig?« fragte Jennifer. »Was ist mit ihrer Privatsphäre?«

»Wenn jemand nicht antworten will, muß er es nicht tun und wird es auch nicht tun, stimmt's, Grama?« meinte Susan.

»Richtig. Einige Leute halten Fragen für aufdringlich oder manipulativ. Ich bin nicht der Meinung, solange dein Interesse ehrlich ist und, noch wichtiger, solange du gewillt bist, dich einzubringen und selbst aufrichtig zu antworten.«

An diesem Punkt sagte ich: »Es liegt eine wunderbare Macht darin, sich selbst einzubringen. Nicht eine Macht im Sinne von Kontrolle, aber eine verbindende Macht mit einem anderen menschlichen Wesen. Eine wirkliche Kommunikation. Es ist einer der Wesenszüge, über die ich schon vor langem gesprochen habe. Er verschafft Frauen einen Vorteil, weil er in ihrer Natur liegt oder weil wir dazu erzogen und ermutigt werden.«

»Das ist wahr, Ma«, warf Jennifer ein. »Ich habe herausgefunden, daß Frauen öfter Informationen miteinander teilen oder sich gegenseitig unterstützen als Männer. Ich frage mich manchmal, wovor haben diese Kerle soviel Angst?«

»Richtig. Denk nur an die Frauen in der Quiltausstellung, zu der du uns mitgenommen hast, Grama. Sie waren uns eigentlich völlig fremd, und dennoch öffneten sie sich uns und waren so freundlich«, fügte Susan hinzu.

Ich ergriff noch einmal das Wort. »Anteilnahme kann man sicher nicht vortäuschen. Wenn sie nicht echt ist, dann wird man es merken. Ich habe einmal mit einer Frau zusammengearbeitet, die immer Fragen stellte und bei den Leuten herumschnüffelte. Es war so, als ob sie einen Käfer unter dem Mikroskop untersuchte. Man hatte nicht das Gefühl, daß sie Anteil an einem nahm oder versuchte, einen zu verstehen. Sie wollte nur die Informationen zu ihrem Vorteil nutzen.«

»Also ist das Stellen von Fragen nicht manipulativ, solange korrekte Absichten dahinterstecken«, sagte Jennifer. »Okay, was aber geschieht, wenn du Anteilnahme zeigst und dich anderen gegenüber öffnest, und die benutzen die erhaltenen Informationen gegen dich? Junge, Junge, ich erlebe das im Büro unentwegt. Du weißt schon, die alte Nummer: ›Ich lache dir ins Gesicht und jage dir gleichzeitig ein Messer in den Rücken.‹«

»Wenn du freiwillig und in aller Offenheit Informationen über dich preisgibst, wie kann es dir dann schaden? Die Leute haben meistens Angst, daß ihre Geheimnisse entdeckt werden. Wenn du aber willentlich über dich selbst sprichst, dann kann keiner etwas über dich herausfinden. So wie ich das sehe, ist die einzige Möglichkeit, wirklich unverletzlich zu sein, die Verletzlichkeit. Also sei offen«, antwortete Grama.

»Die Eiche und die Weide.« Jennifer nickte.

»Stimmt«, kommentierte Grama.

»Was soll das heißen?« Susan runzelte die Stirn.

Jennifer erklärte es: »Du kennst die Geschichte: Obwohl die Eiche kräftig und unnachgiebig ist, wird sie bei starkem Wind brechen. Die Weide dagegen erscheint weich und schwach, sie kann sich aber selbst bei einem Hurrikan beugen und überlebt folglich, weil sie flexibel ist. Ihre Zerbrechlichkeit macht sie in der Tat unzerbrechlich. Also bedeutet Offenheit Verletzlichkeit, aber wenn ich mich dafür entscheide, ist das eine gute Verteidigung.«

»Ich hab's kapiert.« Susan nickte. »Genauso wie dich niemand auslachen kann, wenn du über dich selbst lachst.«

»Richtig. Um auf das Thema zurückzukommen«, griff Grama lenkend ein, »frag dich das folgende: Möchtest du die Intrigen im Büro mitmachen wie andere auch?«

»Nein, aber wenn ich nicht...« Jennifer ließ den Satz unvollendet.

»Okay, dann. Was ist das Schlimmste, was dir passieren könnte? Daß du rausfliegst? Ist das schlimmer, als sich selbst zu verlieren? Die Selbstachtung zu verlieren? Einen anderen Job kannst du immer finden. Wo aber kannst du ein anderes Selbst finden?

In Wirklichkeit reden wir hier über Integrität – genau die Botschaft, auf die wir es abgezielt haben. Ein integres Leben zu führen heißt zu wissen, welche eure wichtigsten Werte sind und wie ihr sie konsequent während eures gesamten Lebens anwendet. Das könnte das Schwerste sein, das ihr jemals tut. Deswegen mache ich es zum elften goldenen Faden und nicht zum ersten. Ich hätte euch vor Monaten klipp und klar sagen können, der erste goldene Faden zum Erfolg ist eine integre Lebensführung. Nur daß die ganze Arbeit, die ihr darauf verwandt habt, euren Charakter zu bilden, vorher kommen mußte.

Aus einem einfachen Grund haben wir es langsam angehen lassen. Erinnert ihr euch an die Quilts in der Art von Stickmustern, die ihr in den Zeitschriften gesehen habt, wo jeder Quiltblock in dem Entwurf ein unterschiedliches Design hat?« Jennifer und Susan nickten beide. »Nun, jeder Block ist aus einem bestimmten Grund anders. Jeder Block ist so konzipiert, daß der Quilterin dadurch verschiedene und zunehmend schwerere Lektionen erteilt werden. Wenn sie damit durch ist, dann hat sie jede Quilttechnik gelernt, die sie anwenden kann, um jeden Stil ihrer Wahl zu verwirklichen. Auf die gleiche Weise formt jeder goldene Faden gesondert einen anderen Block oder eine andere Qualität eures Charakters. Erst jetzt seid ihr bereit, alles zusammenzunähen.«

»Ich hab's«, sagte Susan, »jede Lektion baut auf der vorhergehenden auf.«

»Stimmt. Du entwickelst, was dich als Person auszeichnet, Schritt für Schritt, indem du jene ersten Entscheidungen über dich selbst triffst. Wer möchtest du im Leben sein? Welche Qualitäten – wie Vertrauenswürdigkeit, Selbstdisziplin, Zuversichtlichkeit – bewunderst du bei anderen, welche erstrebst du für dich selbst? Nach welchen Werten willst du dein Leben ausrichten? Ehrlichkeit, Gleichheit und Respekt könnten einige davon sein.

Erinnert ihr euch, wie die ersten sechs goldenen Fäden innere Charaktereigenschaften förderten? Das Eingehen und Einhalten von Verpflichtungen hat zu Vertrauen geführt. Die Arbeit nach Plan schuf Selbstdisziplin. Qualitätsarbeit hat euch Selbstachtung verliehen. Die Verantwortlichkeit hat es euch erlaubt, Entscheidungen zu treffen, und folglich zu Unabhängigkeit und Reife beigetragen. Um zu lernen, mußtet ihr Flexibilität und Mut aufbringen. Das hat euch zu Selbstsicherheit verholfen.

Die übrigen goldenen Fäden befassen sich mit euren zwischenmenschlichen Beziehungen und mit der Wirkung, die ihr auf eure Umwelt habt. Die Kooperation hat euch gezeigt, wie man effektiv mit Menschen zusammenarbeitet und Mitglied eines Teams wird. Der soziale Beitrag hat eine Balance zwischen euren egoistischen Bestrebungen und der Selbstlosigkeit geschaffen. Und das Wissen, daß ihr harte Zeiten durchstehen könnt, hat euch befähigt, euer Schicksal in die eigene Hand zu nehmen. Die wirkungsvolle Kommunikation hat es euch erlaubt, sinnvoll mit Menschen in Verbindung zu treten.

Als ihr dann begannt, diese Qualitäten jeden Tag zu leben, habt ihr gesehen, wie diese Entscheidungen erfolgreich für euch gewirkt haben. Seht ihr, das Leben ist ein Übungsplatz für eure Werte. Wißt ihr erst einmal, was für eine Art von Person ihr werden wollt, entscheidet ihr euch bewußt dafür, außerdem ein integres Leben zu führen. Eure persönliche Integrität ist die übergeordnete Charakterqualität, die verlangt, daß ihr euch an jene Werte haltet und sie konsequent auf euer Leben anwendet.

Sich dafür zu entschließen ist scheinbar einfach. Wir möchten gern daran glauben, daß jede gute Person integer leben will. Das kann aber schwerer sein, als man erwartet, weil eure Integrität pausenlos durch Menschen und Situationen auf die Probe gestellt wird. Es ist nicht einfach. Ihr werdet möglicherweise gezwungen sein, einige harte, schmerzhafte Entscheidungen zu treffen. Und manchmal scheint es sogar so, als gewännen die bösen Buben, während die guten verlieren. Es gibt Menschen, die versuchen werden, euch zu sabotie-

ren, weil ihr Personen seid, die das Richtige tun. Möglicherweise beneiden sie euch bewußt oder unbewußt um eure Integrität oder fühlen sich schuldig, weil sie für sich selbst nicht die gleichen, richtigen Entscheidungen getroffen haben.
Das Geschäftsleben ist nur ein Beispiel dafür, wo eure Integrität eine Bewährungsprobe erfahren kann. Unglücklicherweise geschieht es aber auch in persönlichen Beziehungen. Ein Freund oder Geliebter könnte euch dazu überreden wollen, Dinge zu tun, die euren Werten zuwiderlaufen. Ihr könntet den Drang verspüren, eure Werte zu kompromittieren, um die Harmonie der Beziehung zu erhalten oder den Job nicht zu gefährden. Aber erinnert euch immer daran, ihr könnt einen anderen Job, einen anderen Freund oder einen anderen Geliebten finden. Aber wo wollt ihr ein anderes Selbst finden?
Ein wie auch immer gearteter Verlust könnte der unmittelbare Preis für Integrität sein, aber was wäre die Alternative?« fuhr Grama fort. »Ein weiser Mann sagte einmal: ›Es zahlt sich für einen Mann nicht aus, seine Seele zu verlieren. Nicht um alles in der Welt.‹«
Ich nickte. »Das war Thomas Morus, nachdem er wegen seiner Prinzipien verraten worden war.«
Jennifer hielt inne und teilte uns dann ihre neue Einsicht mit. »Jetzt verstehe ich das, was du über den Preis gesagt hast, den man möglicherweise für den Erfolg zu zahlen hat. Wenn du dich für ein integres Leben entscheidest, könnte dich das zum Beispiel den Verzicht

auf die Intrigen im Büro kosten. Wenn aber die Integrität an sich eine höhere Belohnung gewährleistet wie den eigenen Seelenfrieden, dann ist es das wert. Dreht sich alles darum, Grama? Wie auch immer du Erfolg definierst, wenn er nicht letztlich zum Seelenfrieden führt, dann ist es kein Erfolg.«

Grama nickte. »Deswegen lautet der elfte goldene Faden: ›Führe ein integres Leben.‹ Die wichtigste Botschaft, die du anderen vermitteln kannst, sind deine Werte und deine Integrität.

Damit kommen wir zurück zum Quilten. Wir haben eure Quilts während des vergangenen Jahres als Metapher für euer Leben benutzt. Ich vergleiche den elften goldenen Faden, Integrität, gern mit den endgültigen und wichtigsten Stichen, die das Ganze zusammenhalten und es als etwas Einzigartiges definieren. Seht ihr, ein Quilt ist ein Quilt. Er ist keine Steppdecke und kein gepolstertes Laken. Es ist egal, welchen Charakter das Muster auf dem Quiltoberteil hat, es ist egal, wie erfolgreich oder pfiffig das Design des Blocks ist, es sind die feinen Quiltstiche, die sein Wesen ausmachen.

Ihr habt gesehen, daß der Steppfaden manchmal fast unsichtbar über den gemusterten Stoff läuft. Wenn ihr den Quilt aber ins Licht haltet, ihn untersucht, dann offenbart sich das Gesteppte in den Tiefen der Textur, in der Integrität des Ganzen. Die Aufmerksamkeit und die kompromißlose Sorgfalt, die man dem Quilten widmet, verleiht dem Quilt seinen Wert.

Ähnlich verhält es sich in eurem Leben. Ihr müßt wissen, wer ihr seid, und euch durch eure Worte und Handlungen offenbaren. Lebt mit Integrität als eurem höchsten Ideal, so daß ihr nicht für zu leicht befunden werdet, sollte euer Leben bewertet werden.«

Im Wagen, auf dem Weg nach Hause, wurde nicht viel über Gramas neueste goldene Fäden diskutiert. Sowohl Jennifer als auch Susan schienen tief in Gedanken versunken.

Als wir uns unserem Zuhause näherten, sagte Jennifer schließlich: »Die goldenen Fäden zehn und elf: Kommuniziere wirkungsvoll; führe ein integres Leben. Hui, das ist gar nicht so ohne, Ma. Mein Kopf fängt langsam an zu schmerzen!«

Ich wartete mit meiner Erwiderung.

»Aber es ist alles so wichtig, Jenny«, sagte Susan mit ruhiger Stimme.

»Ich weiß das, aber noch haben wir einen weiteren goldenen Faden vor uns. Ich kann mir nicht vorstellen, wie stark der sein wird. Ich wette, Grama hat sich den wahren Knüller bis zum Schluß aufgehoben!«

»Ich freue mich, daß ihr Mädchen ernsthaft darüber nachdenkt. Was Grama diesen Monat gesagt hat, ist vielleicht die wichtigste Botschaft von allen. Daß ihr ein integres Leben führen müßt oder den besten und wichtigsten Teil von euch selbst verlieren werdet. Und wie Grama schon sagte: Wo könnt ihr schon ein anderes Selbst finden?«

Goldener Faden Nr. 11
Führe ein integres Leben

SEPTEMBER

Zelebriere das Leben

Es war eine stille Fahrt nach Clareville. Jeder war heute mit eigenen Gedanken beschäftigt. Grama ist sehr krank, und die Ärzte sagen uns, daß sie vielleicht nicht viel länger unter uns weilen wird. Es scheint so plötzlich zu kommen, aber mit fünfundachtzig ist das eigentlich nicht überraschend. Vielleicht hätten wir es kommen sehen müssen. Hätten wir dann anders gehandelt?

Die Mädchen sind beunruhigt. Sie sind noch jung und werden wieder einmal daran erinnert, daß das Leben nicht ewig währt, daß umsorgte, geliebte Menschen nicht unsterblich sind, nicht immer dasein werden, wenn wir ihre Weisheit und ihren Trost brauchen.

Susan saß da, die Arme um ihre Quilttasche gelegt, genauso wie sie ihren Teddybär zu umschlingen pflegte, wenn sie als Baby traurig war. Unbewußt streichelte sie den flauschigen Stoff.

»Ich wünschte, wir würden näher bei Grama wohnen. Wir hätten sie dann öfter besuchen können. Wir hätten es tun sollen«, sagte Jennifer kummervoll.

Ich wünschte, wir hätten es tun können. Wir hätten es tun sollen. Ach, Jenny. Hätten wir es denn getan? Man sollte ein Leben ohne Reue führen.
Ich drückte ihre Hand. »Ist schon gut, Schätzchen. Grama weiß, daß wir alle sie lieben. Liebe heißt nicht, daß man die ganze Zeit bei dem anderen sein muß. Die Liebe geht weiter, auch wenn du nicht bei ihm bist, selbst dann, wenn du noch nicht einmal an ihn denkst. Grama ist so stolz auf euch Mädchen. Es macht ihr einen Riesenspaß zu beobachten, wie ihr Nachwuchs flügge wird. Laßt uns in der Zwischenzeit versuchen, es friedvoll für sie zu gestalten. In Ordnung? Den größten Liebesbeweis, den ihr jetzt erbringen könnt, ist, sie nicht fühlen zu lassen, daß ihr unglücklich seid. Okay?«
Zwei stille und traurige Gesichter schauten mich an. Sie tauschten einen schnellen Blick. Zweimal angedeutetes, aber entschlossenes Nicken. Und drei tiefe Atemzüge. Ja, das schaffen wir. Auf geht's.
Jennifer machte es vor. Wir können immer auf ihre Courage zählen, darauf, daß sie laut und witzig ist und schlimme Gefühle mit einem Lächeln überspielt. Für jemanden, der so polternd und rechthaberisch ist wie sie, kann sie erstaunlich mitfühlend und liebevoll gegenüber anderen sein. Das verleiht ihr eine Stärke und eine Würde, die weit über die ihrer Altersstufe hinausgehen.
»Hallo, Yoda-Grama!« rief sie vergnügt. »Schau mal, was wir dir mitgebracht haben. Ich wette, du hast gedacht, wir würden das nie schaffen! Manchmal hab ich

das selbst nicht mehr geglaubt«, scherzte sie, während sie ihren Quilt behutsam auf dem Krankenbett ausbreitete. »Voilà!« Grama lag auf der Krankenstation des Wohnheimes, wo sie unmittelbar medizinische Versorgung genießen konnte.

»Heute feiern wir!« Ich umarmte Grama. »Die Tortur hat ein Ende«, wollte ich ihr zuflüstern.

»Meiner ist auch geschafft, Grama«, erklärte Susan ruhiger und umarmte und drückte sie. Sie drapierte ihren Quilt über einen Stuhl neben dem Bett, so daß Grama ihn sehen konnte.

»Das ist wirklich wunderbar!« rief Grama sanft aus und untersuchte die fertige Arbeit. »Ich bin so stolz auf euch. Für den ersten Versuch habt ihr beide einen wundervollen Quilt von höchster Qualität angefertigt.«

»Und das verdanken wir alles dir, Grama«, sagte Jennifer.

»Alles«, bekräftigte ich, als ich mich hinunterbeugte, um sie zu küssen, »und es hat sich gelohnt.«

»Nur nicht so schnell«, erwiderte Grama und winkte mit dem Zeigefinger. »Ihr müßt noch eine weitere Aufgabe bewältigen. Denkt daran, daß ihr eure Quilts datieren und signieren müßt. Hier, ich habe darauf gewartet, euch dies hier zu geben. Ich habe Unterschriftetiketten für euch gemacht, und hier ist mein wasserfester Markierstift. Beschriftet eure Etiketten, und näht sie fest auf die Rückseite eurer Quilts. Dann seid ihr fertig.« Ihre zerbrechliche Hand zitterte, als sie die Stifte überreichte.

Die Mädchen beeilten sich, dem Wunsch zu entsprechen. Während sie behende ihre Etiketten annähten, wunderte ich mich darüber, wie leicht und selbstverständlich ihnen die Arbeit von der Hand ging.
Grama und ich tauschten ein Lächeln aus. Sie nickte und fuhr fort: »Das ist der letzte und wichtigste Teil. Es entspricht einer bedeutsamen Tradition, seinen Quilt zu signieren. Mit anderen Worten, ihr nehmt den Verdienst für eure Arbeit in Anspruch. Leistet immer Arbeit, die ihr stolz mit eurem Namen versehen könnt. Das ist ein großartiger Ansporn. Das Wissen, daß ihr eure Arbeit mit eurem Namen versehen werdet, ist eine gute Methode sicherzustellen, daß ihr immer euer Bestes tut.«
»Es würden weniger Montagsautos vom Band rollen, wenn jeder, der an den Wagen gearbeitet hat, seinen Namen auf die Stoßstange schreiben müßte«, bemerkte Jennifer.
Wir lachten über ihr Beispiel.
»Richtig«, stimmte Grama zu. »Und natürlich sollte Qualitätsarbeit immer belohnt und gefeiert werden.«
»Ebenso«, fügte Susan hinzu, »sollte jeder Arbeiter in der Autoindustrie Pluspunkte für jedes Auto einheimsen, das keine Niete ist.«
Grama schmunzelte.
»Und so lautet der letzte goldene Faden: Zelebriere das Leben! Feiere das Erreichte, und sei stolz auf dich. Das wird euch motivieren, weiterhin Dinge zu tun, die richtigen Dinge. Ihr seid beide einzigartige und wertvolle

Frauen, und ihr habt soviel zu geben. Erhebt euch, und nehmt euren Platz in der großen weiten Welt ein! Hört auf eure Großmutter! Sie weiß Bescheid.

Versichert euch, daß ihr zuletzt immer eure Arbeit und euer Leben feiert. Das Leben ist zu kurz, um sich Glück und Spaß zu versagen.

Da habt ihr endlich alle zwölf goldenen Fäden. Ich hoffe, sie helfen euch. So, wie Mr. Spock sagte: ›Ein langes Leben und Zufriedenheit.‹« Sie zwinkerte, hob päpstlich die Hand wie zum allseits berühmten Segen. »Und feiert!«

»Super, Grama!« rief Jennifer.

»Junge, sind wir froh, das zu hören, Grama. Wir dachten schon, Nummer zwölf würde echt hart werden, aber mit diesem hier kommen wir garantiert zurecht.« Susan lachte, und beide umarmten Grama glücklich.

Zwölf Monate waren vergangen, und zwölf goldene Fäden zum Erfolg waren gesponnen. Wie eine weise Dorfälteste hatte Grama die Geheimnisse ihres Lebens weitergegeben, und die jungen Frauen waren in ihre Künste eingeweiht worden. Dies war der Tag der Abschlußfeier. Ein besonderer Glanz lag in Gramas Augen, ein Glanz, der Erleichterung, Zufriedenheit und Vollendung ausdrückte.

»Halte die guten Augenblicke fest!« pflegte Jack immer zu sagen. Das würden wir heute tun. Wir würden reden und uns das Jahr in Erinnerung rufen, das wir durchlebt hatten. Wir würden über die Schmerzen lachen und uns gegenseitig aufziehen, weil das die zärtlichste Art ist, mit jemandem zu lachen, voller Zuneigung, während wir verzeihend über uns selbst lachen. Wir würden die Erfolge und das Wachstum feiern. Wir würden unsere Gefühle offen miteinander teilen, weil wir unter uns waren, unter Frauen, die sich umeinander sorgten, einander zuhörten und die sich gegenseitig unterstützten. Frauen können das so gut.

Wir hatten Gläser und »Champagner«, eine Flasche Ginger Ale, mitgebracht, um einen Toast auf den Sieg – die vollendeten Quilts – auszusprechen. Susan schüttelte die Flasche, so daß es beim Öffnen zischte und spritzte. Wir machten mit dem Ziehen des Korkens »Plopp!« und nippten sofort, damit das Getränk uns in der Nase prickelte und zum Lachen brachte. Albern, sagen Sie? Vermutlich. Nun gut.

Und wir machten Fotos, damit wir uns später alle an den Tag erinnern konnten.

Grama ermüdete schnell, und so konnten wir nicht lange bleiben. Bald würde es längere, traurigere Besuche geben. Ich wußte, Grama wollte, daß dieser besondere Tag für Jennifer und Susan voller Sonnenschein wäre, eine wohlige Erinnerung. Eine Erinnerung an die Vollendung und die Feier, ungetrübt von Trauer oder Schmerz. Also begann ich aufzuräumen und einzupacken.

Grama sah mich an. »Würdest du mir einen Gefallen tun, Liebling, und Mrs. Wells sagen, daß ich sie, nachdem ihr gegangen seid, noch gern ein paar Minuten sprechen würde? Danke dir.«

Das war ein ziemlich durchsichtiges Manöver, um mich

aus dem Raum zu schicken, also tat ich wie geheißen. Ich vermutete, daß sie noch Raum für ein paar persönliche Worte an die Mädchen brauchte.

Ich war dennoch nur einige Minuten weg, und als ich zurückkam, saßen die Mädchen auf beiden Seiten des Bettes. Grama hielt ihre Hände, während sie die Tränen niederkämpften. In ihrer freien Hand hielt Jennifer ein Stück Papier, das sie schnell zusammenfaltete und in ihre Tasche steckte.

Grama tätschelte ihre Hände. »Na, na«, tröstete sie. »Ab mit euch. Ihr habt noch eine lange Fahrt vor euch. Umarmt diesen alten Knochen noch einmal kräftig, bevor ihr geht. Ich bin so stolz auf euch beide. Auf eure schönen Quilts. Auf zwei hübsche, talentierte junge Frauen. Ich weiß, daß ihr es beide im Leben sehr gut schaffen werdet.«

»Wir lieben dich, Grama«, sagten sie und umarmten ihre Großmutter noch einmal.

»Ich habe noch ein Bild übrig«, sagte ich und hob die Kamera. »Jenny und Su mit Grama und den Quilts«, dirigierte ich, und das Blitzlicht beleuchtete das Andenken an den letzten »Champagner«.

Die herzliche Zusammenkunft dieses Tages hinterließ für eine Weile bei Jennifer und Susan ein friedvolles, von der Nähe zu Grama geprägtes Gefühl, wie jeder Besuch. Als wir jedoch im hellen Sonnenschein nach Hause fuhren, wurden sie von einer Welle der Traurigkeit erfaßt, die sie nicht leugnen konnten.

»Was habt ihr heute erlebt?« fragte ich sanft.
»Ganz plötzlich wirkt Grama so zerbrechlich. Sie sah noch nie so klein und alt aus«, sagte Jennifer leise.
»Eine zerbrechliche, alte Dame, die wir lieben und die uns entgleitet«, fügte Susan ruhig hinzu.
»Zerbrechlich im Körper, ja. Aber zerbrechlich im Geist, niemals. Mädchen, ich möchte euch nicht sagen, daß ihr nicht traurig sein sollt. Aber seid um Gramas willen nicht so betrübt. Bedauert nicht, daß ihr nicht mehr tut. Es gibt in eurer Beziehung zu Grama nichts, was unvollendet wäre. Sie weiß, daß ihr sie liebt. Das habe ich heute erlebt. Sehr viel Liebe. Und ich bin so stolz auf euch beide. Wißt ihr, Grama ist sehr dankbar dafür, daß ihr euch von ihr das Quilten habt zeigen lassen und, noch wichtiger, die zwölf goldenen Fäden zum Erfolg. Ihr habt ihr sehr viel Liebe einfach durch euer Zuhören geschenkt. Ihr habt ihr am Ende eines langen Lebens die Befriedigung gewährt zu wissen, daß sie fähig war, ihr Wissen an eine andere Generation weiterzugeben. Ihr habt ihr die Vollendung ihres Lebens ermöglicht. Ihr habt ihrem Tun einen Sinn gegeben. Indem ihr ihre Quilts hochschätztet und ihren goldenen Fäden Wert verlieht, habt ihr Grama unsterblich gemacht – sie wird in der Arbeit ihrer geschickten Hände und in ihren Worten voller Weisheit weiterleben.
Wißt ihr noch, am Anfang eurer Quilt-Odyssee haben wir Grama wegen ihrer Erfahrung im Quilten zum Rollenvorbild erkoren. Und ihr habt schnell herausgefunden, daß sie viel über das Leben zu sagen hat. Ihre

Worte und ihre goldenen Fäden sind nur ein Teil der Lektion. Schaut euch ihr Leben als solches an. Auch dort gibt es Lernenswertes. Sie könnte euch zum Beispiel Dinge beibringen, die euch nicht einmal bewußt sind.«

»Was denn, Ma?« fragte Susan.

»Nun, hat Grama euch jemals das Gefühl vermittelt, daß sie irgend etwas im Leben bereut? Nein? Natürlich nicht. Es genügt nicht, zu sagen, daß sie ein gutes und langes Leben gelebt hat. Sie hat ein erfülltes Leben gelebt. Ihr Leben ist ein Beispiel.

Grama war immer im Einklang mit sich selbst und hat das getan, was ihr richtig erschien. Und sie hat letztendlich gewußt, was richtig war, und immer danach gehandelt. Wenn Einklang mit sich selbst und Integrität zusammentreffen, dann hat man wahren Seelenfrieden. Grama hat ihn gefunden. Wie ihr einmal richtig bemerkt habt, ist das der endgültige Erfolg, Mädchen, den Seelenfrieden zu finden.«

Jennifer und Susan nickten in nachdenklichem Schweigen, und wir legten den restlichen Weg nach Hause etwas weniger melancholisch zurück.

Goldener Faden Nr. 12
Zelebriere das Leben

OKTOBER

Gefallene Blätter

So, jetzt ist der Zeitpunkt gekommen, an dem ich für Grama übernehmen muß. Unsere geliebte Grama.

Sie starb vor drei Tagen.

Es gibt keine Worte, um den Schmerz auszudrücken, den wir alle fühlen.

Verzeihen Sie mir, daß ich den Rest dieser Seite nur noch frei lassen kann und daß da nichts weiter ist als das Geräusch meines schlagenden Herzens in der Leere.

NOVEMBER

Ein Muster ändert sich

Die Quilts sind fertig, und ohne unsere regelmäßigen Besuche bei Grama fühlen wir uns verloren. Nicht nur wegen der besonderen Person, die wir vermissen, sondern auch, weil ein Muster in unserem Leben für immer verändert worden ist und die Neuanpassung Zeit in Anspruch nehmen wird.

Durch das Reden über Grama in diesen letzten Wochen ist Jennifer und Susan klargeworden, daß die schmerzliche Ironie des Schicksals darin liegt, daß sie Gramas goldene Fäden erst nach ihrem Tod verinnerlicht und zu einem Teil ihres Charakters gemacht haben, obwohl sie einst von ihrer Weisheit, ihrem Humor und ihrer Liebe nur einen Anruf weit entfernt waren. So besteht nun keine seelische Distanz mehr zwischen Grama und ihnen. Das hat ihnen dabei geholfen, ihren Tod zu akzeptieren und Frieden zu finden.

Dies ist eine Zeit der Heilung. Eine Zeit der Erinnerung und Nachdenklichkeit.

DEZEMBER

Alles mit Liebe

In den vergangenen drei Monaten machten wir einige Abstecher nach Clareville. Es gab viele Einzelheiten zu regeln, und das, obwohl die alte Dame einfach gelebt hatte. Heute jedoch gab es für den Ausflug einen glücklicheren Anlaß. Die Direktorin der Siedlung, Mrs. Wells, rief uns vor ein paar Tagen an und teilte uns mit, daß Gramas Freunde uns all die Quilts, die sie während ihres Aufenthalts im Wohnheim gemacht hatte, aushändigen wollten. Das geschähe keineswegs aus Undankbarkeit, sondern solle eine freundliche Geste sein; sie wollten uns Gramas Liebe zurückgeben. Ein Geschenk der Liebe in einer Zeit des Gebens.

Jennifer und Susan waren beim Anblick der über zwanzig gereinigten und ordentlich zusammengelegten Quilts auf Mrs. Wells' Schreibtisch überwältigt. Ein Turm weicher Falten und ein Leuchten ineinanderfließender Farben.

»O Jenny, sind die schön«, flüsterte Susan, während sie behutsam den obersten in die Hände nahm und ihn sich in einer natürlichen, kindlichen Schmusebewegung an die Wange hielt.

»Das ist wundervoll«, erwiderte Jennifer heiter. Und sie nahm den nächsten Quilt und entfaltete ihn so, daß er fließend von ihren Armen fiel.

»Können wir uns bei jedem einzelnen bedanken?« fragte Susan und sah mich an.

»Ich meine, das wäre sehr liebenswürdig«, erwiderte ich und nahm den dritten von dem Stapel.

Unter der Führung von Mrs. Wells gingen wir langsam von Raum zu Raum, wo wir in manchen Fällen dem Fremden, der Gramas Freund gewesen war, gleichzeitig zum ersten und zum letzten Mal »Hallo« und »Auf Wiedersehen« sagten. Die Direktorin stellte uns während des Rundgangs vor und erzählte uns ein wenig über jeden Heimbewohner. Eine verwischte Folge von Namen, runzligen Gesichtern und unsteten Händen. Viel, viel Lächeln.

Auf dem Weg zurück zu ihrem Büro sagte Mrs. Wells in der Halle: »Das sind Mrs. Shaw und Mr. Fulton.« Sie stellte uns vor, während wir auf die beiden Leute in den Rollstühlen zugingen.

»Henry, dies sind Alices Mädchen, ihre Enkelinnen Jennifer und Susan.« Sie wurde mit jedem Wort lauter. »Sie sind hergekommen, um hallo zu sagen!«

»Magen? Ich hab nichts mit dem Magen!« entgegnete er brummig.

»Wir wollten uns bedanken«, begann ich, doch Susan unterbrach mich.

»Ich erinnere mich an Sie, Mr. Fulton, Ihr Quilt ist der extraweiche, weil Sie Probleme mit der Haut haben«, versuchte sich Susan mit erhobener Stimme.
»Laut? Ich bin nicht laut. Sie sind laut!« sagte er mit wegwerfender Geste. »Wer sind Sie noch mal?«
Die Mädchen lachten freundlich. »Ich bin Jennifer. Das ist Susan. Wir sind die Enkelinnen von Alice Myers.«
»Alice? Die ist tot!« schrie er zurück. »Gegangen! Die lebt hier nicht mehr. Den Quilt, den sie mir gemacht hat, habe ich bereits zurückgegeben. Sah genauso aus wie Ihrer da«, er zeigte auf mich. »Hab's der Enkelin gegeben. Na ja, bei Mädchen kann man ja nie wissen. Vielleicht will sie ihn ja gar nicht. Wenn nicht, kann sie ihn mir ja zurückgeben.«
»O Henry, jetzt hör doch mal auf!« schrie Mrs. Shaw im Stuhl neben ihm. »Er ist taub wie ein Türknopf.« Sie schüttelte den Kopf in Richtung der Mädchen. »Nehmt es ihm nicht übel«, fuhr sie fort, nahm dann Jennifers und Susans Hände fest in ihre, sah jede von ihnen aufmerksam an und sagte: »Eure Grama hat alles mit Liebe getan.« Sie schüttelte ihre Hände heftig auf und ab, als wollte sie damit die Erinnerungswürdigkeit der Aussage bekräftigen. »Alles mit Liebe«, wiederholte sie eindringlich. Sie drückte den Mädchen die Hände, ließ sie gehen und winkte ihnen nach.
Während wir weiter durch die Halle gingen, flüsterte Susan Jennifer noch einmal zu: »Grama hat alles mit Liebe getan.«
Jennifer nickte. »Tu alles mit Liebe. Das ist die letzte

Lektion, Susie. Wenn es goldene Fäden gibt, dann muß es auch eine goldene Nadel geben. Alles mit Liebe zu tun ist die goldene Nadel, die Grama dazu benutzte, um alle ihre goldenen Fäden durch das Leben zu ziehen.« Sie legte ihren Arm um Susans Schulter.
»Sie hatte uns noch soviel mehr zu sagen«, erklärte Susan traurig.
»Nein, ich glaube, sie hat alles gesagt. Alles läuft auf die Liebe hinaus. Tu alles mit Liebe«, versicherte Jennifer Susan.
Ich bejahte das für mich selbst, während ich ihnen folgte. Grama konnte noch immer zu den Mädchen sprechen. Wir sind unsterblich, solange wir in der Erinnerung anderer Menschen weiterleben.
Zu Hause beeilten wir uns, den Wagen auszuladen, um unsere Schätze Stück für Stück erforschen zu können.
»Schau, Ma.« Susan machte mich auf etwas aufmerksam, das uns bisher entgangen war. »An diesen Quilt ist ein Zettel geheftet.«
»Was steht drauf?« fragte ich und legte ein anderes Bündel nieder.
»Es ist eine Liste. Da stehen Namen und Daten drauf.« Sie sah verwirrt aus.
»Auf diesem Quilt ist noch einer«, sagte Jennifer und hob mit einer Hand eine Ecke an, während sie mit der anderen den Rest des Stapels durchstöberte. Die Mädchen sahen sich gegenseitig an. An die Rückseite eines jeden Quilts war in einer Ecke sorgfältig ein Zettel geheftet.

»Das sind alle die Leute, die den Quilt besessen haben«, sagte Jennifer in plötzlicher Erleuchtung. »Schaut. ›Mr. King, gestorben am 18. Februar 1987.‹ ›Mr. Charbonneau, gestorben am 27. Juni 1989.‹ ›Mrs. Epstein‹, kein Datum.«

»Weil sie noch lebt«, sprang Susan bei. »Wir haben sie kennengelernt. Sie trug einen lustigen Fuchskragen, erinnert euch. Sie muß den Quilt zuletzt gehabt haben.«

»Das ist komisch«, sagte Jennifer, »schaut euch das einmal an.« Sie fand einen weiteren Zettel. »Dieser geht zwanzig Jahre zurück. Es muß einer der ersten Quilts sein, die Grama dort gemacht hat. Seht euch all die Namen an.«

»Laß sie lieber angeheftet«, warnte ich. »Sonst bringen wir die Zettel durcheinander.«

»Das ist Wahnsinn. All diese Leute. Wow!« begeisterte sich Susan und hob einen Quilt nach dem anderen an, um jeden Zettel zu betrachten. »All diese Leute«, wiederholte sie erstaunt.

Aus einem kleinen persönlichen Hobby heraus und aus Liebe zu den Menschen hatte Grama unbewußt über die Jahre viele Leben berührt. Wie viele Tropfen einen Eimer hatte jeder kleine Akt der Liebe das Maß mehr als gefüllt.

»Wer hat das alles getan?« fragte Jennifer verwundert.

»Vermutlich die Direktorin, Mrs. Wells. Sie arbeitet schon fast zwanzig Jahre im Heim. Wahrscheinlich erinnert sie sich persönlich an all diese Leute«, meinte ich. »Es war sehr freundlich von ihr, sich unseretwegen solche Mühe zu machen.« Ich nahm Teil am Erstaunen und Vergnügen der Mädchen.

»Es muß schon eine Menge Arbeit gemacht haben, die Geschichte eines jeden Quilts zurückzuverfolgen«, bemerkte Susan. »Wir sollten ihr schreiben und uns bedanken«, schlug sie vor, und wir nickten im Einverständnis.

Die folgenden Tage über schwelgten wir in Quilts. Diese Farben, mal leuchtend bunt, mal düster und melancholisch. Wir fragten uns, was Grama wohl gedacht haben mochte, in was für einer Stimmung sie gewesen war, als sie an den einzelnen Quilts gearbeitet hatte. Fragen, an die wir nie gedacht haben, als sie noch lebte. Gibt es nicht immer Fragen, die man zu stellen versäumt?

Manchmal waren die Stiche glatt und gleichmäßig. Manchmal etwas zittrig. Ob sie zu diesem Zeitpunkt ihres Lebens krank gewesen war? Oder nur müde, unkonzentriert? Sie sagte uns einmal, daß ein Quilt das Selbstporträt der Person ist, die ihn angefertigt hat. Wenn das wahr ist, dann können die Quilts auch die Biographie der Quilterin sein, vorausgesetzt, wir sind empfänglich genug, um die verdeckten Hinweise zu deuten. Es könnte keine bessere Geschichte über Gramas Leben geben als das Werk, das sie hinterließ.

Beim Durchforsten von Gramas Büchern und Zeitschriften stießen wir auf die traditionellen Namen für die verschiedenen Quiltdekors. Wir lachten über die komisch klingenden Namen wie »Truthahnspuren«,

»Affenverrenkungen« oder »Katze in der Ecke«. Namen, die von den Pioniersfrauen stammten, ihren geistigen Urmüttern. Wir entdeckten die Quiltnamen, sprachen sie aus und machten sie uns so zu eigen.
Es war mir vorher nie eingefallen, daß eine Quilterin ihre persönlichen Gefühle in ihre Arbeit legt, daß jeder Quilt ein Ausdruck ihrer Freude oder ihres tiefen Schmerzes sein könnte. Oder das hinter einem täuschend hübschen und eleganten Quiltmuster ein Herz stecken könnte, das sich selbst durch Kreativität und Liebe heilt. Wir waren traurig, als uns klar wurde, daß der wunderschöne, aber eher düstere marinefarbige, graue und weiße Quilt mit dem Namen »Sturm auf See« ein Jahr nach Jacks Tod entstanden war. Wir tauften ihn in »Daddys Quilt« um, und die Mädchen legten ihn auf mein Bett.
Jennifer und Susan beschlossen, die Quilts zu katalogisieren. Also kaufte ich ihnen ein Fotoalbum. Wir fotografierten jeden Quilt, kennzeichneten das Foto und plazierten es im Album neben den Zettel, der ursprünglich an den Quilt geheftet gewesen war.
Ohne die Sorge, die erklärenden Zettel zu beschädigen oder durcheinanderzubringen, konnten wir uns jetzt wirklich an Gramas Quilts erfreuen. Wir stapelten sie auf unseren Betten, drapierten sie um unsere Stühle und hängten sie abwechselnd an die Wand über dem Wohnzimmersofa.
Eines Nachmittags, wir waren mehr oder weniger zu unserem normalen Tagesablauf zurückgekehrt, sagte

Jennifer nachdenklich: »Weißt du, Ma, wir sollten wirklich etwas mit Gramas Quilts anstellen.«
»Was, zum Beispiel?« fragte ich.
»Ich weiß es nicht.« Sie zögerte. »Ich fühl mich irgendwie schlecht, weil wir sie alle hier haben. Grama hat sie gemacht, damit andere Menschen sich daran erfreuen. Du weißt schon, wie im Wohnheim mit den Menschen, die sie gebraucht haben.«
»Du willst sie doch nicht etwa zurückbringen, oder?« fragte Susan alarmiert und legte das Buch, in dem sie gerade las, beiseite.
»Nein, natürlich nicht. Ich meine, ich glaube, wir sollten sie eigentlich zurückgeben, aber das möchte ich nicht. Ich fühle mich wie ein Egoist. Kannst du das verstehen?« wollte sie von mir wissen.
»Natürlich«, versicherte ich ihr. »Gibt es irgendeinen anderen Weg, der es dir ermöglicht, die Quilts zu behalten und auch anderen Menschen damit eine Freude zu machen?«
»Sie an die alten Leute zu verleihen, vermute ich.« Sie zuckte zweifelnd mit den Achseln.
»Wie wär's, wenn wir sie in eine Quiltausstellung geben würden?« schlug Susan vor. »Glaubst du, man würde Gramas Quilts für eine Ausstellung nehmen, Ma?«
»Nun, das ist möglich«, erwiderte ich.
»Einen Augenblick. Warum machen wir nicht unsere eigene Ausstellung? Das könnten wir doch tun, nicht wahr, Ma?« erklärte Jennifer.
»Sicher«, fing ich an, »aber ...«

»Und ob wir das können, Jenny«, sagte Susan mit Nachdruck, sogleich angesteckt von Jennifers Eingebung und Begeisterung. »Das ist eine großartige Idee! Was für eine tolle Art, anderen Menschen Gramas Quilts zu zeigen und ihnen damit Freude zu bereiten. Immerhin hat uns Grama ja das Nötige beigebracht, um in allem erfolgreich zu sein. Erinnert euch an die goldenen Fäden!«
»Richtig! Wie lautet der erste goldene Faden?« fragte Jennifer und beantwortete sich die Frage gleich selbst: »Gehe eine Verpflichtung ein!«
»Okay, ich bin dabei, wenn du dabei bist«, versprach Susan. »Wie steht's mit dir, Ma?«
»Sehr freundlich von euch, euch daran zu erinnern, daß ich auch noch da bin«, frotzelte ich.
»Sorry, Ma. Aber Su, ich meine, wenn wir das tun, dann sollten wir es auch allein tun, stimmt's? Du verstehst, Ma, nicht wahr?« fragte Jennifer in der Hoffnung, ich wäre durch den Ausschluß nicht beleidigt.
»Natürlich tue ich das. Aber darf ich trotzdem zuhören?« erwiderte ich.
»Sicher«, nickte sie. »Also, Susan, jetzt sind wir verpflichtet. Oder sollten es zumindest sein.«
Susan lachte.
»Als nächstes stellen wir uns das Ergebnis vor, indem wir vor unserem inneren Auge Gramas Quilts ausgestellt sehen und auch viele Leute, die kommen, um sie zu bewundern. Dann finden wir ein Rollenvorbild, einen Experten, und tun, was er tut«, erinnerte sich Jennifer.

»Die Frauen, die letzten Sommer die Quiltausstellung organisiert haben, könnten uns beraten oder uns jemanden vorschlagen, der das kann«, sagte Susan. »Das nennst du doch Mentoring, oder, Ma?«
Ich nickte bejahend.
»Gute Idee. Der goldene Faden Nummer zwei lautet: ›Setze dir ein Ziel.‹ Das soll heißen, daß wir genau beschreiben, was wir wollen, und uns einen Termin dafür setzen«, besann sich Jennifer. »Dann der goldene Faden Nummer drei. Wir brauchen einen Plan. Wir müssen ihn niederschreiben und die S-T-E-P-S noch einmal durchgehen«, fuhr Jennifer fort. »Halte ihn schlicht. Grenze jedes Handlungselement terminlich ein. Sei effizient, indem du Zeit und Genauigkeit ausbalancierst.«
»Wir müssen innerhalb des Planes Prioritäten setzen, indem wir festlegen, was vordringlich ist und wie dringlich es ist. Das Wichtigste zuerst. Und das ›Starte jetzt‹ nicht zu vergessen«, fügte Susan hinzu.
»Weiter. Wir müssen Verantwortung übernehmen – der goldene Faden Nummer vier – und flexibel sein, sollte etwas schiefgehen.« Jennifer nickte, als sie an den Zwischenfall mit Hobbes dachte, und lächelte. Das war eine besonders bedeutungsvolle Lehre in ihrem Leben gewesen.
»Der goldene Faden Nummer fünf lautet: ›Leiste immer Qualitätsarbeit.‹ Wir sollten uns klarmachen, daß wir die beste Quiltausstellung auf die Beine stellen können, die es je gegeben hat!« rief Susan zuversichtlich aus. »Und Gramas goldener Faden Nummer sechs lehrt

uns, aus unseren Fehlern zu lernen und weiterzumachen. Fast hätte ich unsere Lektion für Fortgeschrittene vergessen. Wir müssen der Sache Pfiff verleihen und über unseren Schatten springen, aber da wir ja nie vorher eine Quiltausstellung veranstaltet haben, begeben wir uns mit der ganzen Angelegenheit tatsächlich auf ein unbekanntes Terrain, das uns Unbehagen einflößt!« Sie erinnerte sich an den Mangel an Selbstvertrauen, unter dem sie früher gelitten hatte.

»Was noch?« überlegte Jennifer. »Wir sind alle Punkte durchgegangen, Verpflichtung, Ziele, Planung, Verantwortung, Qualitätsarbeit und Lernen.«

»Wie sieht's mit der Kooperation aus?« fragte ich.

»Komm schon, Ma. Wir sind doch Schwestern. Haben wir jemals nicht miteinander kooperiert?« Jennifer legte ihren Arm um Susans Schulter, und meine Töchter lachten.

»Verstehe. Wie dumm von mir!« spottete ich.

»Ma hat recht. Der goldene Faden Nummer sieben ist Kooperation. Dies ist wirklich eine Gewinn-Gewinn-Situation«, bemerkte Susan. »Wir können die Quilts behalten, und andere Menschen können auch ihre Freude daran haben. Vielleicht bewirkt der Anblick von Gramas Quilts im Leben anderer Menschen eine Veränderung oder inspiriert sie sogar dazu, selbst einen Quilt zu machen.«

Jennifer nickte. »Vielleicht sollten wir Eintritt verlangen und das Geld der Wohlfahrt spenden oder dem Seniorenwohnheim in Clareville«, schlug sie mit wachsender Begeisterung vor. Die Ideen sprudelten nur so heraus. Es war so, als schaute ich kochendem Wasser auf einer heißen Herdplatte zu.

»Was für eine großartige Idee! Grama würde das gefallen. Einen Beitrag für die Gesellschaft leisten und im Leben der Menschen eine Veränderung bewirken. Goldener Faden Nummer acht.« Susan unterstützte die Idee zweifellos.

»Sollten wir entmutigt werden oder uns unmotiviert fühlen oder uns den Stöhn-eritis-Virus einfangen, dann weiß ich, wie wir dagegen ankommen. Wir nehmen Gramas Mixtur aus Geduld, Perfektion, Beharrlichkeit, Ausdauer und Stolz«, erinnerte sich Jennifer an den goldenen Faden Nummer neun. »Wir werden auch daran denken, uns ›unter positiv denkende Leute zu mischen‹, zum Beispiel unter die anderen Quilterinnen, die Grama uns vorgestellt hat.«

Susan griff das Thema auf. »Gramas goldene Fäden Nummer zehn und elf. Integrität zu vermitteln ist die größte Herausforderung von allen und die wichtigste. Aber wie Grama schon sagte, ist das Quilten ein Symbol für das Vermitteln von Integrität. Also demonstriert oder, mit anderen Worten, vermittelt man beim Veranstalten einer Quiltausstellung in Wirklichkeit, was Quilten und damit Integrität eigentlich ist. Glücklicherweise ist der letzte, das Feiern, der einfachste. Wir können unsere Quiltausstellung selbstverständlich zu einem freudvollen Fest machen. Immerhin feiern wir damit ja Gramas Leben.«

»Und ob.« Jennifer nickte, streckte Susan ihre Hand entgegen, und sie besiegelten ihr Übereinkommen mit einem Händedruck.

»Laß es uns tun.«

»Und laß uns nicht vergessen, alles mit Liebe zu tun«, mahnte Jennifer, und Susan nickte. Sie schwiegen für eine Weile und dachten an Grama.

»Wie sollen wir denn die Ausstellung nennen, Jenny?« fragte Susan und kehrte damit zum eigentlichen Thema zurück.

»Ich weiß nicht. Mal sehen. Wie wär's mit ›Ein Fest der Quilts‹?« schlug Jennifer vor. »Oder ›Ein Leben in Quilts‹?«

»Nee. Das hat's schon gegeben. Ich habe das in einer von Gramas Zeitschriften gesehen«, entgegnete Susan.

»Wie wär's mit: ›Gramas Quilts: gestern und heute‹?«

»Hmm … ›Quilts: Eine Lebensart‹?«

»Ich hab's: ›Gramas Quilts: Eine Lebensart‹?«

»Nein. Sie sollte ›Großmutters Quilts‹ heißen.«

»Richtig. Und ›Der Lebensweg einer Frau‹.«

»Das ist es«, riefen sie im Chor. »Großmutters Quilts – der Lebensweg einer Frau.«

Gramas goldene Nadel
Tu alles mit Liebe

FRÜHLING

Der Kreis schließt sich

Es ist wieder April. Der Frühling bricht überall hervor. Robbie wird bald zu Hause sein. Er hat in diesem Jahr auf dem College exzellente Noten erhalten. Den Sommer über will er in unserer Nähe arbeiten, zweifelsohne will er sich als Heimkoch verbessern.

Letzte Woche wurde Jennifer zur stellvertretenden Leiterin des Kundendienstes befördert. Sie redet davon, in ihr eigenes Apartment zu ziehen. Mir kommt eine Menge über einen Burschen Namens Jim zu Ohren; also schätze ich, daß es an der Zeit ist, ihn zwecks näherer Begutachtung und strikter Einweisung in die Kommandos zum Familienessen zu bitten.

Susan macht sich auf dem College außerordentlich gut, sie studiert auf Lehramt. Während ihrer Praktikumswochen war ein Direktor so beeindruckt von ihrer Reife und ihrem Selbstvertrauen, daß er ihr vorschlug, sich für einen Job in der Sommerschule zu bewerben, und andeutete, er zöge sie für eine Festeinstellung in Betracht, sobald sie ihren Abschluß in der

Tasche hätte. Ich habe also allen Grund, eine glückliche und stolze Mutter zu sein.
Ja, die Quiltausstellung der Mädchen eröffnete letzten Samstag. Sie hatten sich entschlossen, sie im »Quilt Inn«, einem Hotel in Gramas Heimatstadt Clareville, abzuhalten, wo es Menschen gibt, die Grama kannten und sich an sie erinnern.
Die Mädchen baten die örtliche Quiltgilde um Mithilfe. Dort begegneten sie vielen talentierten und erfahrenen Frauen, und sie schlossen neue Freundschaften. Die Gildemitglieder waren von der Idee so angetan und so begeistert von Jennifer und Susan, daß viele ihre Zeit freiwillig zur Verfügung stellten und jede Menge nützlicher Ratschläge erteilten, um die Ausstellung zu organisieren. Die Lokalzeitung brachte kostenlose Annoncen und eine Farbreportage.
Es ist schon komisch, wie sich Worte über dieses Netzwerk von Frauen verbreiten, durch ihre Unterhaltungen, ihre Verbundenheit und ihre Anteilnahme. Eine Verbundenheit, für die viele Männer noch immer kein Verständnis aufbringen und als bloßen Frauenklatsch abtun.
Als sich die Neuigkeit über die Alice Myers gewidmete Ausstellung herumsprach, fingen fremde Leute an, uns von überall her zu schreiben. Gramas alte Freunde von ihren Erinnerungen. Junge Verwandte der Heimbewohner von Clareville in Dankbarkeit. All diese Beiträge wurden der Ausstellung hinzugefügt. Ein Dutzend weitere Quilts wurden uns großzügiger-

weise zugeschickt. Sie sollten in der Ausstellung präsentiert werden, und danach durften die Mädchen sie behalten.
Wir wollen berühren und wissen nie, wann oder wie uns das vergolten wird.
Einer von Gramas Quilts erreichte uns erst letzte Woche. Alt und verschlissen, verblaßt und viel benutzt, wie es sich für einen geliebten Quilt gehört. Das Muster war kaum zu erkennen. Eine Notiz besagte: »Es tut mir leid, daß dieser Quilt in solch einem schlechten Zustand ist. Ich habe ihn viele Male gewaschen. Meine Tante gab ihn mir, ich kann mich nicht daran erinnern, wie viele Jahre das her ist. Sie hat mir Geschichten über eure Großmutter erzählt und über das Leben auf der Farm. Sie sagte immer, daß Alice der gütigste Mensch war, den sie je gekannt hat.«
Keine schlechte Art, in Erinnerung zu bleiben, dachte ich. Der gütigste Mensch, den sie je gekannt hat. Ein passendes Vermächtnis für ein erfolgreiches Leben. Grama hätte sich gefreut, da bin ich mir sicher.
Ich hoffe, ich werde ein ebenso vorteilhaftes Etikett erhalten, wenn ich nicht mehr bin. Ich möchte wie einer von Gramas Quilts sein, verblaßt, verwaschen, ausgefranst durch ordentliche Benutzung und viel geliebt. Mit einer eigenen Geschichte, die sich in den Herzen der anderen fortsetzt.

Frühmorgens am Samstag der Eröffnung der Ausstellung nahmen mich Jennifer und Susan mit auf eine

VIP-Führung, und ich erhaschte einen ersten Blick auf den Höhepunkt all ihrer Bemühungen.

Vorn in der Eingangshalle hatten die Mädchen die Vergrößerung des letzten Fotos von Grama und sich mit den Quilts aufgehängt. Daneben stand die Geschichte, wie Grama, ihre geliebte Yoda-Grama, ihnen die zwölf goldenen Fäden beigebracht hatte und auch wie man zu leben hat, den Charakter formt und erfolgreich ist. Sie hatten ihre eigene Einsicht über die goldene Nadel hinzugefügt, die alles zusammennäht: »Tu alles mit Liebe.«

Jennifer und Susan hatten Gramas letzten, unfertigen Quilt genommen und ihn heimlich fertig gesteppt und zusammengefügt. »Das ist eine Überraschung. Du wirst ihn in der Ausstellung sehen«, beschieden sie mir, als ich spionieren wollte. Das Nähzimmer war monatelang die »Kommandozentrale« und für Hobbes und mich Sperrgebiet gewesen.

Und dort, an der Eingangstür, hing Gramas letzter Quilt mit den Applikationen. Herzen und Rosen. So unverwechselbar Grama. Da waren Herzen, aus Jacks altem Hemd geschnitten. Da waren Rosen, aus Kleidern geschnitten, die die Mädchen vor Jahren getragen hatten. Mir war gar nicht aufgefallen, daß sogar einige neuere Reste aus Jennifers und Susans Quilt in das Muster eingearbeitet waren, zusammen mit einem Dutzend anderer Stoffe, allesamt Überbleibsel eines ganzen Lebens, allesamt Träger lieber Erinnerungen. Wer immer es war, der den Ausspruch tat: »Gott gab uns das Ge-

dächtnis, um uns im Dezember an Rosen zu erinnern«, er muß Grama gekannt haben.
»Schau einmal, Jenny«, bemerkte ich, »das ist Material von dem Sonnenkleidchen, das Grama dir zu deinem dritten Geburtstag genäht hat. Du siehst es auf den Fotos, die in dem Sommer aufgenommen wurden, den wir am Graham Lake verbrachten. Ich erinnere mich daran, daß du Schlammkuchen gebacken hast – für den Grill! Und Susan, das ist Material von deinem ersten Ausgehkleid, für die Tanzstunde. Fragst du dich nicht manchmal, was wohl aus diesem Jungen, Roger, geworden ist, mit dem du dort warst?«
»O ja, das war mir noch gar nicht aufgefallen«, sagte sie und lächelte über ihre persönlichen Erinnerungen.
Jeder von uns betrachtete Gramas Quilt durch den Filter seiner eigenen Erinnerungen und sah andere Dinge. Wir hätten wissen müssen, daß Grama alle diese Erinnerungen in ihren letzten Quilt einfügen würde. Es ist ein Quilt voller Familiengeschichten, gemeinsam verbrachter Augenblicke, Liebe und Lachen. Ich war glücklich darüber, daß er fertiggestellt wurde und daß die Mädchen ihn hatten. So würde Grama weiterhin aus der Erinnerung mit uns reden können. Grama würde für immer ein Teil von Jennifer und Susan sein. Von Robbie. Und von mir.
Das ist wahre Unsterblichkeit. Keiner lebt ewig, aber jeder kann einen bleibenden Eindruck hinterlassen. Wir leben in den Menschen weiter und in dem Vermächtnis, das wir hinterlassen.

»O Mädchen, er ist so schön!« rief ich aus, als wir gemeinsam bewundernd vor dem Meisterwerk standen. Nun drückte ich sie zärtlich, während ich mir die detaillierten Applikationen und die feinen Quiltstiche ansah, Gramas, Jennifers, Susans, alle miteinander verwoben. Fäden, die Generationen verbanden.

»Er ist für dich, Ma«, sagte Jennifer und erwiderte die Umarmung.

»Grama wollte, daß du diesen Quilt bekommst«, bestätigte Susan.

»Sie war dabei, ihn für dich zu machen«, nickte Jennifer.

»Woher wißt ihr das?« erkundigte ich mich, während mir die Tränen in die Augen stiegen.

»Sie hat es uns gesagt, Ma«, erklärte Jennifer liebevoll. »Als wir sie im September besucht haben. Erinnerst du dich, daß sie dich bat, mit Mrs. Wells zu reden?«

»Das hatte nur den Zweck, dich aus dem Zimmer zu entfernen«, führte Susan aus. Ich nickte in Erinnerung an den Tag.

»Sie hat es uns gesagt, als du draußen warst. Lies das signierte Etikett auf der Rückseite, Ma. Grama hatte uns notiert, was wir für sie dorthin schreiben sollten«, fuhr Jennifer fort. »Sie wußte, daß sie ihn nicht zu Ende bringen würde, also bat sie uns, für sie weiterzumachen.«

Ja, diese Mädchen würden für Grama weitermachen. Sie würden weiter lernen und wachsen. Sie würden ihre Erfahrungen dazu nutzen, Weisheit zu erlangen, und würden ihrerseits die Tradition und die Weisheit an andere jüngere Frauen weitergeben. Der Kreis des Lebens würde sich schließen und von neuem beginnen.

»Wir haben es darauf gestickt. Mit der Hand, natürlich«, erklärte Susan stolz.

»Wir haben einen glitzernden Goldfaden benutzt, den wir in einem Handarbeitsladen fanden«, erläuterte Jennifer. »Wir dachten, Grama würde das mögen.«

Ich schlug die untere rechte Ecke zurück, und da stand in sauber gestickten Buchstaben mit goldenem Faden die Widmung:

Für Angela
In unendlicher Liebe
Für die empfangene unermeßliche Liebe
Alice Myers
Vollendet von ihren Enkelinnen
Jennifer und Susan

NACHWORT DER AUTORIN

Während der zwanzig Jahre, in denen ich beruflich als Beraterin tätig war, habe ich Dutzende von »Erfolgsbüchern« gelesen und an zahllosen Selbstverwirklichungsseminaren teilgenommen; mir sind folgende, immer wiederkehrende Probleme begegnet: Erstens wird Erfolg oft mit Geld, Macht und Ruhm gleichgesetzt; dabei wird an unsere elementaren Ängste und unsere Habgier appelliert. Zweitens bieten die Programme viel zu oft schnelle Patentlösungen, die sich auf »Personality-Tricks« stützen, statt auf die Formung des Charakters mit den ihm zugrundeliegenden Werten. Und drittens wird ein von innen gesteuertes Selbstmanagement durch ein von außen gesteuertes Zeitmanagement-System ersetzt.

Ich bin der Meinung, daß eine sanftere, behutsamere Botschaft vermittelt werden muß. Werte und Integrität müssen vermittelt werden, eine Botschaft, die dem Leben und der Wirklichkeit näherkommt und der Arbeitswelt, wie sie die meisten Frauen kennen.

Viele »Strategie«- und »Erfolgs«-Programme sind von Männern für Männer entwickelt worden und basieren auf männlichen Vorstellungen von der Geschäftswelt, dem Sport oder dem Krieg und den entsprechenden Metaphern. Und als Dreingabe hört man manchmal noch die echte Heuchelei: »Übrigens, wenn Sie eine Frau sind, dann trifft das auch auf Sie zu.« Es war nicht meine Absicht, ein ausgesprochenes Frauenbuch zu schreiben. Ich mag Männer, sehr sogar. Aber ich wollte ein Buch schreiben, daß sich einer starken weiblichen Metaphorik bedient. Demzufolge entstand aus den vielen Stunden, die ich mit Quilten, Denken und Schaffen verbrachte, dieses Buch.
Ich hoffe, daß wir eines Tages ein anderes Wort für Mentoring finden werden, das die Art, wie Frauen sich gegenseitig unterstützen und bereichern, ausdrückt und ihren eigenen emotionellen Bedürfnissen entspricht statt nur dem trockenen »So-wird's-gemacht«-Prinzip. Lassen Sie es mich wissen, wenn Sie eines hören.
Ich wünsche Ihnen nur das Beste und Seelenfrieden.

Aliske Webb

Auf einer Farm im Süden der USA fristet Callie Tatum mit ihrem lethargischen Mann und dem verwirrten Schwiegervater ein trostloses Dasein. An einem heißen Sommertag kommt Clifton Warde zu ihr, der sie um Wasser für seinen übergekochten Kühler bittet. Diese schicksalshafte Begegnung ist der Beginn einer ebenso leidenschaftlichen wie schmerzlichen Affäre.

Die neugierigen Dorfbewohner wissen schon bald von Callies Geheimnis, das gegen alle Konventionen des konservativen Südens verstößt. Als Callies Mann bei einer Auseinandersetzung mit einem Nachbarn ums Leben kommt, hält Clifton um Callies Hand an. Doch sie weist ihn zurück, um den von ihr verursachten Skandal zu überleben und die Ehre der Familie zu retten ...

ISBN 3-404-12925-3

BASTEI LÜBBE